Kohlhammer

Rolf Stober

Juristen taugen auch als Humoristen

Amüsante Einblicke in wahre
Rechtsgeschichten

Verlag W. Kohlhammer

Dieses Werk einschließlich aller seiner Teile ist urheberrechtlich geschützt. Jede Verwendung außerhalb der engen Grenzen des Urheberrechts ist ohne Zustimmung des Verlags unzulässig und strafbar. Das gilt insbesondere für Vervielfältigungen, Übersetzungen, Mikroverfilmungen und für die Einspeicherung und Verarbeitung in elektronischen Systemen.

1. Auflage 2024

Alle Rechte vorbehalten
© W. Kohlhammer GmbH, Stuttgart
Gesamtherstellung: W. Kohlhammer GmbH
Heßbrühlstr. 69, 70565 Stuttgart
produktsicherheit@kohlhammer.de

Print:
ISBN 978-3-17-044537-6

E-Book-Format:
pdf: ISBN 978-3-17-044538-3

Für den Inhalt abgedruckter oder verlinkter Websites ist ausschließlich der jeweilige Betreiber verantwortlich. Die W. Kohlhammer GmbH

Inhalt

§ 1	Jus mit Jux – Geht das?...	9
§ 2	Jus mit Jux – Geht doch!	17
§ 3	Rechtsbegriffs- und Definitionshumor	23
§ 4	Steuerrechtshumor...	34
§ 5	Verbraucherrechtshumor..	47
§ 6	Reiserechtshumor...	56
§ 7	Beleidigungshumor	67
§ 8	Marken- und Namensrechtshumor	74
§ 9	Dienstrechtshumor...	80
§ 10	Arbeitsrechtshumor	91
§ 11	Verkehrsrechtshumor...	98
§ 12	Freizeitrechtshumor	117
§ 13	Karnevalrechtshumor...	128
§ 14	Eherechtshumor..	138
§ 15	Tierrechtshumor..	151
§ 16	Nachbarrechtshumor...	166
§ 17	Lebensmittelrechtshumor	174
§ 18	Justizrechtshumor	186

Vorwort

Das Buch bietet einen heiteren Streifzug durch viele rechtlich relevante Lebensbereiche und Lebensphasen. Es liefert zahlreiche humorvolle Empfehlungen, Ratschläge und »Rezepte« zur Wahrnehmung und Durchsetzung individueller Rechte. Das Werk besteht durchweg aus wahren Rechtsgeschichten und fast unglaublichen Sachverhalten.

Es ist ein Geheimtipp für Bedenkenträger, Besserwisser, juristische Laien und Experten. Denn es gibt Auskunft, wie man schnell zu Geld kommt, Steuern spart, andere Menschen ärgert und wie Juristen »ticken«. Darüber hinaus ist es ein neuartiges, witziges juristisches Repetitorium in Crashform. Es deckt nicht nur zahlreiche prüfungsrelevante Facetten der Rechtswissenschaft ab, sondern lässt in Gerichtsentscheidungen berühmte Dichter, Philosophen und Apostel zu Worte kommen.

Münster, im Juni 2024　　Prof. Dr. Dr. h. c. mult. Rolf Stober

§ 1
Jus mit Jux – Geht das?

Juristen sind einfach unbeliebt!

Durchgängige deftige Juristenkritik

Juristen sind bekanntlich nicht besonders beliebt[1]. Der Volksmund charakterisiert sie wenig schmeichelhaft als Aktenfresser und Bedenkenträger, als Besserwisser und Beutelschinder, als Formelkrämer und Haarspalter, als Paragraphenreiter und Rechtsverdreher, als Schreibtischhengste und Wortklauber oder als Winkeladvokaten und Dauernörgler. Der Berufsstand gilt als arrogant und emotionslos, als hochnäsig und kaltschnäuzig, als poltrig und rüde, als trocken und aufgebläht.

Deshalb verwundert es nicht, dass bereits König *Friedrich Wilhelm I* in dem sog. »Spitzbubenerlass« vom 31.12.1726 verfügte, dass die Advokaten zur Vermeidung drakonischer Strafen für alle sichtbar »wollene schwarze Mäntelchen« auf Reisen, auf dem Rathaus und sogar in der Kirche zu tragen hätten, damit man die Spitzbuben schon von Weitem erkennen und sich vor ihnen hüten könne[2].

Auf die in dieser Kleiderordnung zum Ausdruck kommenden fachlichen und persönlichen Defizite hat ferner *Jonathan Swift* hingewiesen. Nach seiner Ansicht werden Gesetze von denen ausgelegt, die »geschickt genug sind, sie zu verdrehen, zu verwirren und zu umgehen.«

Nur durch ihre Gerissenheit könnten sich die Juristen genug Klienten verschaffen, »denen sie dann mit Hilfe von juristischen Kniffen und durch Rechtsverdrehung hohe Honorare abluchsen.«[3]

Ähnlich hielt der frühere Stuttgarter Oberbürgermeister *Manfred Rommel* fest: »Die Rechtswissenschaften verleihen die Fähigkeit, jede Art von Behauptung zu begründen, und den Glauben, dass die eigene Begründung immer richtig ist.«[4]

Dieser Spott trifft vornehmlich Rechtsanwälte, die gelegentlich so definiert werden: »Eine Person, die das Eigentum eines anderen vor Feinden schützt, um es selbst zu gewinnen.«[5]

Noch frecher ist die Einschätzung der Advokaten, die in folgendem Reim zum Ausdruck kommt:

> » Wer nichts wird, wird Wirt,
> Wer das nicht schnallt, wird Rechtsanwalt.«[6]

Aber auch die Justizjuristen bleiben nicht von Betroffenenkritik verschont. So hat ein Zeitgenosse seine Geringschätzung über Richter am Oberlandesgericht Hamm so formuliert: Bei Juristen »reicht der Verstand offensichtlich genauso weit, wie ein fettes Schwein springt – und das springt bekanntlich nicht sehr weit.«[7]

In diese Kerbe schlug schon *Ludwig Thoma*, dessen Abhandlung mit dem Titel »Der Vertrag« folgenden Satz enthält:

»Der königliche Landgerichtsrat *Alois Eschenberger* war ein guter Jurist und auch sonst von mäßigem Verstande.«[8]

Martin Luther führte das Missfallen vieler Menschen gegenüber Juristen auf die Besonderheiten des Studiums der Rechtswissenschaften mit folgenden Worten zurück: »Das Studium der Rechte ist gar eine niederträchtige Kunst und wenn es nicht den Geldbeutel füllte, würde sich niemand darum bemühen.«[9]

Auch der im 17. Jahrhundert lebende Schriftsteller, Arzt und Philosoph *Bernard de Mandeville* war nicht gerade zimperlich gegenüber Rechtsvertretern, wie ein Blick in seine Bienenfabel zeigt:

> » Die Advokaten, die sich halten
> Durch Fehdenschüren und Fällespalten,
> Anfochten sämtliche Kataster,
> Denn Grundstücksschwindel brachte Zaster;
> Prozesse werden mit Bedacht
> Verschleppt, dass man ja Reibach macht.
> Gehts Schuften zu ersparen die Strafen,
> Durchforsten sie die Paragraphen,
> Wie Diebe Häuser observieren,
> Wo sich ein Einbruch lässt riskieren.«[10]

Juristen als besondere Menschengattung

Über den Umgang mit Juristen als besonderer Menschengattung hat sich zusammenfassend *Adolf Freiherr von Knigge* genüsslich mit folgenden Feststellungen ausgelassen:

»In allen übrigen menschlichen Dingen, in allen den Geist aufklärenden, das Herz bildenden Kenntnissen unerfahren, treten sie dann in öffentliche Ämter. Ihr barbarischer Stil, ihre bogenlangen Perioden, ihre Gabe, die einfachste, deutlichste Sache weitschweifig und unverständlich zu machen, erfüllt jeden, der Geschmack und Gefühl für Klarheit hat, mit Ekel und Ungeduld. Wenn Du auch nicht das Unglück erlebst, dass Deine Angelegenheiten einem eigennützigen, parteiischen, faulen oder schwachköpfigen Richter in die Hände fallen, so ist es schon genug, dass Du oder Deines Gegners Advokat ein Mensch ohne Gefühl, ein gewinnsüchtiger Gauner, ein Pinsel oder ein Schikaneur sei, um bei einem Rechtsstreite, den jeder unbefangene gesunde Kopf in einer Stunde schlichten könnte, viele Jahre lang hingehalten zu werden, ganze Zimmer voll Akten zusammengeschmiert zu sehen und dreimal so viel an Unkosten zu bezahlen als der Gegenstand des ganzen Streits wert ist, ja am Ende die gerechteste Sache zu verlieren und Dein offenbares Eigentum fremden Händen preiszugeben.«[11]

Insbesondere: Juristenkritik in Opern

Es versteht sich von selbst, dass Juristen aus den genannten Gründen insbesondere in der Oper und im Schauspiel schlecht wegkommen. Dort werden sie als Trottel oder Schurken dargestellt, die sich als Richter oder Advokaten nicht standesgemäß benehmen. Exemplarisch hält ein Kenner der Theaterszene fest, dass Personen, die in der Opera buffa das Recht verkörpern, bei der Ausübung ihres Amtes meist stark behindert dargestellt werden: »Am auffälligsten, weil auch musikalisch beeindruckend darstellbar, ist der Sprachfehler. Juristen stottern, hüsteln, lispeln oder rülpsen. Sie sind Asthmatiker oder Legastheniker, wiederholen sich ständig und pflegen einen monotonen, leierhaften Amtssprachstil… Dazu kommen zahlreiche körperliche Gebrechen. Viele hinken, sind buckelig oder missgestaltet. Und auch moralisch sind sie keine Engel.«[12]

Juristen können auch beliebt sein!

Juristen taugen auch als Humoristen!

Einerseits bekräftigen die angeführten Spötteleien die klassische Unbeliebtheit der Juristen. Andererseits sind sie für Mandanten Engel, wenn sie das rhetorische Florett elegant schwingen und juristisch gekonnt argumentieren.[13] Insbesondere sind sie dann grenzenlos beliebt, wenn sie einen Prozess gewinnen,[14] oder wenn ein Verteidiger sein Plädoyer auf Freispruch der bildhübschen Angeklagten mit folgenden Worten beendet: »Nun meine Herren Geschworenen, entscheiden Sie. Beschließen Sie, ob die junge, bezaubernde Dame in die kalte, trostlose, vergitterte Zelle kriechen oder in ihre entzückende kleine Wohnung, Rue de la Paix 36, dritter Stock links, Telefon 345862, zurückkehren soll.«[15]

Law macht happy mit Humor

Zusammengenommen sind Juristen deshalb beliebt, weil sie viele Menschen glücklich machen. Das belegt jedenfalls die jüngere empirische Forschung zum Thema »law and happiness«.[16] Sie beschreibt etwa, wie sich materielle Ausgleichsansprüche nach dem Verlust von Lebensfreude positiv auf das Glücksempfinden der Rechtssuchenden auswirken. Das ist ein großer Verdienst der Juristenzunft, die Ansprüche schafft, geltend macht, zuspricht und durchsetzt. Man denke nur an die Einführung des Jus potandi, des sogenannten Zechrechts. Dabei handelt es sich um ein im 16. Jahrhundert entstandenes Regelwerk, das sich ausschließlich dem Vergnügen und der Trinklust widmete. Es bettet das »Sauffen« in sozialverträglich ausgestaltete juristische Formen und antwortet auf die Frage, welche das Glück fördernde gesellschaftliche Rolle »Versöhnungstrinken« spielt.[17]

Nicht zu vergessen *Johann Wolfgang von Goethe*, der einen »durchgreifenden« Anwalt als »gottähnlich« bezeichnete.[18]

Juristen als heitere Glücksbringer

Ferner ist inzwischen ausreichend nachgewiesen, dass vornehmlich Juristen auch deshalb beliebt sind, weil sie es offenbar blendend verstehen, Frauenherzen zu beglücken. Lesen Sie selbst:

» Der Gründe hierfür gibt es viele.
Da ist zunächst einmal sein Stil.
Ein Brief, verfasst von seiner Hand
doch jedes Mädchenherz entflammt!
Wenn ihr präzise dargelegt,
dass deshalb sein Herz nur schlägt,
dass er ihr gebe, dergestalt
die Schlüssel – und auch die Gewalt,
dass sie draus folge zweierlei,
dass er fortab ihr eigen sei…,
dann wird selbst die, die sonst verlegen,
ex nunc beglückt – ja fast verwegen!
Doch wenn sein Stil schon so besticht,
dann wunderts die Rivalen nicht,
dass er sie gänzlich erst betört,
wenn sie ihn einmal reden hört!
Wer formuliert, logisch, schlüssig,
temperamentvoll, sprühend, geistvoll, flüssig,
nach genauer Prüfung exakt begründet
der Jurist seine Ansicht lichtvoll verkündet!
Bei solcher Gabe sich leicht erhellt
sein Siegen bei der Damenwelt.
Mit ihm dem ihm eignen rhetorischen Schliffe
er ohne Müh und alle Kniffe
jede Frau fast dazu zwingt,
dass sie ihm in die Arme sinkt.

Gefangen in seinem Worte Bann
hört sie ihn Stunden um Stunden an,
von Langeweile nie geplagt,
weil er ihr nie dasselbe sagt.«[19]

§ 2
Jus mit Jux – Geht doch!

Scherz und Ernst in der Jurisprudenz

Schon die bisherigen Ausführungen legen nahe, dass glückliche Juristen zu allem fähig sind und deshalb auch als Humoristen taugen. Schlagender Beweis für diese Annahme sind Auszüge aus dem nachfolgenden klassischen Standesgedicht, das vorbehaltlos und selbstbewusst über die außergewöhnlichen Kompetenzen der Juristen berichtet:

> » Der schönste Stand auf Erden
> Ist der Juristenstand.
> Nur er kann etwas werden
> im deutschen Vaterland.
> Zum Chef wird stets erkoren
> in Deutschland der Jurist,
> Er ist dazu geboren,
> weil er nicht Fachmann ist.
> Im Zollfach zum Direktor
> Wird der Jurist kreiert,
> Der Zöllner bleibt Inspektor,
> Weil er das Fach studiert.
> Der Fachmann, der darf raten,
> Beschließen der Jurist,

> Weil frei er von dem Schaden
> In vielen wissens ist.
> Willst du drum avancieren
> Im deutschen Vaterland,
> Musst Jura Du studieren,
> Das ist der schönste Stand.
> Der Fachmann hat zu denken,
> Zu leiten der Jurist.
> Den Staat kann er nur lenken,
> Weil er nicht Fachmann ist.«[20]

Dieser ausgeprägte juristische Sinn für Humor hat viele Facetten. Er kann unabsichtlich oder ungewollt sein, komisch oder kurios wirken, schalkhaft oder ironisch gemeint sein, witzig oder blödelnd daherkommen, karikierend oder frotzelnd erscheinen, spaßig oder satirisch wahrgenommen werden, lustig oder heiter zu qualifizieren sein, auf einer Sachverhaltsschilderung oder einer juristischen Entscheidung beruhen.[21]

So hat der Schweizer Jurist *Louis Carlen* nachgewiesen, es gebe kaum einen akademischen Berufsstand neben den Theologen, dem so viele humorvolle Bücher gewidmet seien, wie jenem der Juristen.[22] Der Autor leitet aus dieser Tatsache ab, dass der Jurist über sich selbst lachen könne und vielleicht ein gewisses Bedürfnis nach Humor habe.[23]

Folgerichtig hält deshalb *Friedrich Erdmann* als Spruchweisheit aus der Welt des Rechts fest: »Ein jeglicher Jurist ist entweder ein Schalk oder ein Esel.«[24]

Aufgrund dieser Rollenbeschreibung hat der erwähnte Juraprofessor *Louis Carlen* fünf juristische Humor-Kategorien ausgemacht: »... solche, die Humor besitzen, solche, die keinen haben, solche, die glauben, sie hätten Humor und bei denen die Studenten aus Anstand, Gefälligkeit oder Berechnung lachen, solche, die zu humorvollen Gestalten geworden sind und schließlich jene, die nichts von alldem besitzen.«[25]

Zur ersten Kategorie zählt der Rechtsgelehrte *Rudolf von Jhering*, der sich scherzend wie folgt über die Lehrfreiheit in Hörsälen der Juristischen Fakultäten äußerte: »Wenn nun die Lehrfreiheit nicht ein völlig hohler Begriff sein soll, so muss Sorge dafür getragen werden, dass nicht bloß Lehrer, sondern auch Schüler da sind, und da die Anwendung von gewöhnlichen polizeilichen Zwangsmaßnahmen unseren empfindlichen Anschauungen von akademischer Freiheit widerstrebt, so lässt sich die obige Voraussetzung der Lehrfreiheit nur dadurch herstellig machen, dass man den Professoren das Staatsexamen überträgt. Ich möchte wissen, wie es mit dem Besuch oder auch nur mit dem bloßen Belegen so mancher Vorlesung bestellt sein würde, wenn der Docent plötzlich aufhören würde, Examinator zu sein! Sein Auditorium würde sich so leeren, dass es mit dem Lehren vorbei wäre und irgendein kecker Privat-Docent würde mit der ganzen Zuhörerschaft davonlaufen. Was wäre aber die notwendige Folge davon? Um die Zuhörerschaft nicht in die Hände von solch einem unerfahrenen Menschen geraten und sich dort wissenschaftlich ruinieren zu lassen, müssten der Professor, statt sich lediglich durch seinen Geschmack, durch seine Neigungen, durch seinen Genius leiten zu lassen, den Geschmack und die Wünsche seiner Zuhörer berücksichtigen, er müsste sich Zwang auferlegen; der

Zwang ist aber das direkte Gegenteil von Freiheit –, um die Lehrfreiheit wäre es geschehen!«[26]

Gewitztes Aufspießen von »Weltliteratur«

Das überzeugendste Beispiel für die humoristische Seite von Rechtsvertretern liefern gewitzte Würdigungen und Verfremdungen einschlägiger »Weltliteratur«.[27]

So wird etwa unter Heranziehung einer klassischen Bibelstelle im Zusammenhang mit der Geburt des Christkindes alljährlich das »luftverkehrsrechtliche Problem des Fliegens von Engeln und anderen Heerscharen« erörtert. Zur Interpretation des Zitates »Und als die Engel von ihnen (den Hirten) gen Himmel fuhren, sprachen die Hirten untereinander«[28], heißt es in § 2 Abs. 1 Luftverkehrsgesetz: »Deutsche Luftfahrzeuge dürfen nur verkehren, wenn sie zum Luftverkehr zugelassen sind (Verkehrszulassung) und... in das Verzeichnis der deutschen Luftfahrzeuge (Luftfahrzeugrolle) eingetragen sind.«

Sind aber, so fragen die Autoren *Jens-Peter Gieschen* und *Klaus Meier*[29], »die – zweifelsohne benutzten – Flügel ein Luftfahrzeug im Sinne des Luftverkehrsgesetzes? Ja, davon wird auszugehen sein. Nach § 1 Abs. 2 Luftverkehrsgesetz sind unter anderem Frei- und Fesselballone, Rettungsfallschirme, Flugmodelle und sonstige für die Benutzung des Lauftraumes bestimmte Geräte Luftfahrzeuge. Da den Herren Engel und Heiliger Geist nach den bisherigen anatomischen Erkenntnissen die Flügel nicht gewachsen sind, sondern wie weiland Ikarus nur angebracht sein können, stellen sie ein sonstiges

Gerät zur Benutzung des Luftraumes dar. Es ist nicht ersichtlich, dass die Flügel in die Luftfahrzeugrolle eingetragen waren – heutzutage sind sie es jedenfalls nicht –, so dass sich die Herren Engel und der Heilige Geist gemäß § 60 Abs. 1 Nr. 1 Luftverkehrsgesetz strafbar gemacht haben. Nach § 74 Strafgesetzbuch sind die Flügel einzuziehen, da mit ihnen eine vorsätzliche Tat begangen worden ist.«

Ähnlich verhält es sich mit der juristischen Verballhornung von *Goethes* »Faust«. Dessen Werk wurde von einem Anwalt über einen Anwalt für Anwälte als satirisches »Scherzspiel« zur Aufführung als Unterhaltungsstück im Rahmen einer wissenschaftlichen Jahresversammlung umgeschrieben. Hier ein Auszug, der darauf abzielt, die Arbeit der Advokaten lächerlich zu machen:

> » Kehrt statt zum Beraten zum Braten ein,
> suchet die Wahrheit doch nur im Wein.
> Statt das Recht zu klären als Rechtsvertreter,
> wird das Recht durch Euch nur immer verdrehter.«[30]

Humoranfällige Rechtskategorien

Einerseits steht nach den bisherigen Erkenntnissen eindeutig fest: Juristen kennen und können auch Humor!

Damit wird die rechtstatsächliche Erfahrung bestätigt, dass es in der Jurisprudenz nichts gibt, was es nicht gibt! Andererseits stellt sich bei diesem Zwischenergebnis die Frage, wie man dem Thema »Jus mit Jux« einigermaßen gerecht wird.

Dazu bietet es sich an, tief in den juristischen Instrumentenkasten zu greifen. Danach ist Kernaufgaben der Rechtswissenschaft die Kunst, vielfältige Erscheinungsformen in eine nachvollziehbare und praktikable Ordnung zu bringen. Dieses Erfordernis gilt auch für das Verhältnis von Recht und Rechtshumor, das sich andernfalls einer Systematisierung und Ausdifferenzierung entziehen würde. Dabei ist allerdings zu beachten, dass Jus mit Jux nicht in allen Rechtsgebieten gleichermaßen vorkommt. Vielmehr haben sich in Vergangenheit und Gegenwart in Rechtsetzung, Rechtsprechung und Rechtsliteratur bestimmte Rechtsgebiete herauskristallisiert, die besonders humoranfällig sind. Ihnen gilt nachfolgend die besondere Aufmerksamkeit.

Dabei handelt es sich teilweise um neue Rechtszweige, deren heitere Seite bislang nur rudimentär erforscht ist. Man denke nur an den Steuerrechtshumor, den Dienst- und Arbeitsrechtshumor oder an den Verkehrsrechtshumor. Im Vordergrund steht häufig die interpretatorische Bewältigung unbestimmter Rechtsbegriffe, die zu ungeahnten und verblüffenden Auslegungen führen kann. Diese Besonderheit ist auch der Grund, weshalb das Kapitel über den »Rechtsbegriffs- und Definitionshumor« an der Spitze steht.

§ 3
Rechtsbegriffs- und Definitionshumor

Der Begriff Eisenbahn als Gegenstand der Rechtserkenntnis

Einerseits handelt es sich bei der Suche nach begrifflicher Schärfe um eine ernsthafte handwerkliche Methode der Rechtskonkretisierung. Andererseits führt dabei der unfreiwillige Humor häufig Regie. Man denke nur an das Wort »Eisenbahn«, dessen sorgfältige Umschreibung durch das Reichsgericht im Jahre 1879 als Superlativ juristischer Erheiterung qualifiziert wird.[31]

Eisenbahn ist danach »Ein Unternehmen, gerichtet auf die wiederholte Fortbewegung von Personen und Sachen über nicht ganz unbedeutende Raumstrecken auf metallener Grundlage, welche durch ihre Konsistenz, Konstruktion und Glätte den Transport großer Gewichtsmassen bzw. die Erzielung einer verhältnismäßig bedeutenden Schnelligkeit der Transportbewegung zu ermöglichen bestimmt ist, und durch diese Eigenart in Verbindung mit dem außerdem zur Erzeugung der Transportbewegung benutzten Naturkräften (Dampf, Elektricität, thierischer oder menschlicher Muskelthätigkeit bei geneigter Ebene der Bahn auch schon der eigenen Schwere der Transportgefäße und deren Ladung usw.) bei dem Betriebe des Unternehmens auf derselben eine verhältnismäßig gewaltige (je nach den Umständen nur in bezweckter Weise nützliche, aber auch Menschenleben vernichtende und die menschliche Gesundheit schädigende) Wirkung zu erzeugen fähig ist.«[32]

Es versteht sich von selbst, dass dieses Satzungetüm den Sprachstilisten *Ludwig Reiners* provozierte und zu folgender Definition des Reichsgerichts inspirierte: »Ein Reichsgericht ist eine Einrichtung, welche eine dem allgemeinen Verständnis entgegenkommen sollende, aber bisweilen durch sie nicht ganz vermeiden lassende, nicht ganz unbedeutende bzw. verhältnismäßig gewaltige Fehler im Satzbau auf der schiefen Ebene das durch verschnörkelte und ineinander geschachtelte Perioden ungenießbar gemachten Kanzleistils herabgerollte Definition, welche eine das Sprachgefühl verletzende Wirkung zu erzeugen, fähig ist, liefert.«[33]

Kondome als Gegenstand juristischer Betrachtung

Um das exakte Begriffsverständnis ging es auch bei der Diskussion um Details anlässlich der Vorbereitung der Europanorm EN 600:1996 für Kondome aus Naturkautschuklatex für Männer.[34] Der Europaabgeordnete *Nel van Dijk* wies bei einer Anfrage an die EU-Kommission auf eine in der Wochenschrift »Spiegel« Nr. 42 vom 18. Oktober 1993 zitierte, in London durchgeführte Kondom-Studie hin, die zu folgendem Ergebnis gekommen sei. Von englischer Seite werde ein

Kompromiss über die Durchschnittsmaße des europäischen männlichen Geschlechtsteils, das auf 17 cm Länge und 5,6 cm Durchmesser geschätzt werde, als unzureichend für die englische Bevölkerung abgelehnt.

Inzwischen ist die EN 600 (ersetzt durch DIN EN ISO 4074:2002-07) in Kraft getreten, welche unter anderem die Anforderungen an die Reißkraft und an die Dichte sowie die Mindestlänge des Kondoms festschreibt. Da diese Standards nur innerhalb der EU gelten, hat die Schweiz eine eigene »Verordnung zur Regelung der Kondome« erlassen. Danach handelt es sich bei Präservativen um »Membrane aus Kunstgummi oder Naturhautschutz für Männer, die hergestellt werden mit dem Zweck, sie in den Verkehr zu bringen für den Gebrauch in der Schweiz.«

Angesichts dieses auf das Staatsgebiet der Schweiz beschränkten geographischen Anwendungsbereiches ist es zwar nicht vorgesehen, aber auch nicht schädlich, diese Membrane in das Ausland mitzunehmen und dort zu verwenden. Denn hier gelangt das Recht an seine realen Grenzen, da der außerschweizer Gebrauch weder kontrolliert noch pönalisiert werden kann.

Eine andere Frage ist, wie viele Kondome einem Mann aus der Perspektive des Sozialrechts zustehen. Der Kläger beantragte bei der Behörde 12 Präservative pro Woche. Da die ärztliche Verordnung keine Angaben über die Zahl der benötigten Kondome enthielt, versicherte der Kläger, mit seiner Freundin 1,7mal pro Tag Geschlechtsverkehr zu haben. Er erklärte ferner, er lasse sich nicht vorschreiben, wie oft er mit seiner Freundin schlafen dürfe. Das Oberverwaltungsgericht Hamburg stellte hierzu sachkundig fest:

»Legt man den vom Kläger genannten Preis von knapp 1,– DM pro Kondom… zugrunde, so ermöglicht ihm die gewährte Hilfe gut 20-mal im Monat mit seiner Freundin ohne Risiko einer Empfängnis geschlechtlich zu verkehren. Unter Berücksichtigung der Tage, in denen ein Geschlechtsverkehr nicht möglich ist oder nicht erwünscht wird, kann der Kläger praktisch Tag für Tag einmal ohne Risiko den Geschlechtsverkehr ausüben. Dass eine dahingehende Beschränkung… seine partnerschaftliche Beziehung gefährden könnte, ist nicht ersichtlich, zumal seiner Freundin und ihm noch andere Formen befriedigender sexueller Kontakte offenstehen. Dass der Kläger möglicherweise mehr leisten könne, ist unerheblich. Für das Geschlechtsleben gilt nichts anderes als für alle existenziellen Lebensbedürfnisse. Es ist nicht Aufgabe der Sozialhilfe, ihm eine bestmögliche maximale Bedürfnisbefriedigung zu ermöglichen.«

Allerdings hatte das Gericht Mitleid mit dem Kläger und stellte eigene Berechnungen an, um dem Antragsteller einen optimalen Einsatz von Kondomen zu ermöglichen. Es empfahl ihm, einfache Marken-Präservative in Großpackungen in Drogeriemärkten oder Sex-Shops zu kaufen. Dann könnte er für denselben Preis 150 Kondome, also die gewünschte Menge, erwerben.[35]

Gehören Schlafanzüge ins Bett?

Kondome und Schlafanzüge werden typischerweise beim Schlafen getragen. Oder ist bei Schlafanzügen etwa aus zollrechtlichen Gründen zu differenzieren? Der Europäische Gerichtshof musste – wie folgt – Auslegungshilfe leisten, da die Position 6108 der Nomenklatur des Gemeinsamen Zolltarifs der EG-Verordnung Nr. 658/87 und der EG-Verordnung Nr. 3174/88 keine Definition des Schlafanzugs vorsah:

»Da eine solche Definition fehlt, sind die objektiven Merkmale eines Schlafanzugs, die ihn von anderen Zusammenstellungen unterscheiden, in dessen Zweckbestimmung zu suchen, nämlich im Bett als Nachtkleidung getragen zu werden. Lässt sich dieses objektive Merkmal bei der Zollabfertigung feststellen, so steht der Umstand, dass auch eine andere Verwendung des Kleidungsstücks denkbar ist, seiner rechtlichen Qualifizierung als Schlafanzug nicht entgegen. Danach ist es für die zollrechtliche Tarifierung eines Kleidungsstücks als Schlafanzug nicht erforderlich, dass dieses dazu bestimmt ist, ausschließlich im Bett getragen zu werden. Ausreichend ist, dass dies seine wesentliche Zweckbestimmung ist.

Diese Auslegung wird durch mehrere… Gesichtspunkte bestätigt. Erstens werden in den Erläuterungen des Rates zur Position G 112 (Trainingsanzüge) diese Waren definiert als zweiteilige Waren aus Gewirken oder Gestricken, ungefüttert, manchmal auch auf der Innenseite gerauht, deren allgemeines Aussehen und Stoffbeschaffenheit erkennen lassen, dass sie nicht dazu bestimmt sind, ausschließlich oder im Wesentlichen bei der Ausübung eines Sports getragen zu werden.

Dieses Kriterium kann bei der Tarifierung von Schlafanzügen analog herangezogen werden. Zweitens lassen die von der Kommission in verschiedenen die Tarifierung von Schlafanzügen betroffenen Einreihungsverordnungen... erkennen, dass als Schlafanzug nur Waren tarifiert werden können, die nach ihrem allgemeinen Aussehen und ihrer Stoffbeschaffenheit dazu bestimmt sind, ausschließlich oder im Wesentlichen als Nachtkleidung getragen zu werden.«[36]

Was besagt diese Entscheidung im Klartext? Man kann zwar mit einem Trainingsanzug ins Bett gehen. Er mutiert damit aber nicht zum Schlafanzug, weil seine Verwendung als Schlafbekleidung nicht sein wesentlicher Zweck ist. Umgekehrt kann man aber mit einem Schlafanzug Sport betreiben oder im Home-Office vor dem Rechner im Wohnzimmer sitzen, ohne dass dieses Kleidungsstück trotz der »Fremdnutzung« seine eigentliche Qualifikation als Schlafanzug verliert.

Zum »gelegentlichen« Betrieb eines offenen Kamins

Dasselbe gilt, wenn man in einem Schlafanzug gemütlich vor einem wärmenden und lodernden offenen Kaminfeuer entspannt. Allerdings ist hier § 4 Abs. 4 Satz 1 der sog. »Verordnung über kleine und mittlere Feuerungsanlagen – 1. BImSchV« zu beachten,[37] der aus Gründen des Klimaschutzes nur den »gelegentlichen« Betrieb eines offenen Kamins gestattet. Was heißt aber »gelegentlich«? Hier eine Auswahl von Interpretationen des Oberverwaltungsgerichts Koblenz. Danach bedeutet »gelegentlich«:

» von Zeit zu Zeit,
bei passenden Umständen,
manchmal,
ab und zu oder
wenn der Kamin zur Erzeugung einer Behaglichkeit oder einer besonderen Stimmung betrieben wird.«[38]

Wie verhält es sich aber, wenn man allabendlich den Wunsch nach Behaglichkeit am befeuerten offenen Kamin verspürt? Das geht nach Meinung der Rechtsprechung zu weit: »Der Bestimmung, dass ein offener Kamin nur gelegentlich betrieben werden darf, ist bei einer Betriebsbeschränkung auf fünf Stunden an 8 Tagen pro Monat genügt«.[39]

Der Kaminliebhaber fragt sich allerdings, auf welchem methodischen Weg das Gericht zu diesen exakten und restriktiven Zahlenangaben kommt, die nicht ohne zusätzliche Überlegungen und Abwägungen nachvollziehbar sind. Aber darauf dürfte es letztlich nicht ankommen, weil die Einhaltung des gelegentlichen Betriebs in der Praxis kaum überwacht und sanktioniert werden kann.

Hunde »größerer Gattung«

Ähnlich schwierig wie die Konkretisierung des Begriffs »gelegentlich« war die Auslegung einer von einem bayerischen Gemeinderat geplanten Verordnung, bei der es um die Frage ging, welche Vierbeiner nur mit einem Maulkorb auf die Straße dürfen. In dem Entwurf heißt es: »Auf öffentlichen Wegen,

Straßen und Plätzen müssen frei umherlaufende Hunde größerer Gattung einen Maulkorb tragen«.

Nach längerer Debatte war klar, dass der unbestimmte Rechtsbegriff »Hunde größerer Gattung« noch näher spezifiziert werden müsse. Der Gemeinderat stellte dazu fest: »Hunde größerer Gattung sind solche, die in ausgewachsenem Zustand an Größe, Höhe und Länge das bei den als Haustiere geltenden Hunden durchschnittliche Maß, die Mittelgröße überragen.«

Diese Umschreibung war schon deshalb nicht zielführend, weil offenblieb, wie groß denn ein »mittelgroßer Hund« ist und wie ein solcher Hund exakt und gerichtsfest vermessen werden kann.[40]

Zum Begriff des »Wertsacks«

Die begriffsbezogene Detailverliebtheit von Regierungen, Verwaltungsbehörden und Parlamenten ist scheinbar grenzenlos. Das belegt exemplarisch der Ausschnitt aus einem früheren Merkblatt zur Allgemeinen Dienstanweisung für das Post- und Fernmeldewesen (§ 49 ADA V, 2) hinsichtlich der Umschreibung des sog. »Wertsacks«. Dabei handelt es sich zwar um ein Behältnis, das seine ursprüngliche Bedeutung für den Transport von Wertsachen verloren hat. Die Begriffserklärung des Wertsacks ist jedoch ein Musterbeispiel für verzwirbeltes Beamtendeutsch, das unwillkürlich Schmunzeln hervorruft:

»Der Wertsack ist ein Beutel, der auf Grund seiner besonderen Verwendung im Postbeförderungsdienst nicht Wertbeutel, sondern Wertsack genannt wird, weil sein Inhalt aus mehreren Wertbeuteln besteht, die in dem Wertsack nicht verbeutelt, sondern versackt werden. Das ändert aber nichts an der Tatsache, dass die zur Bezeichnung des Wertsackes verwendete Wertbeutelfahne auch bei einem Wertbeutelsack mit Wertbeutelfahne bezeichnet wird und nicht mit Wertsackfahne, Wertsackbeutelfahne oder Wertbeutelsackfahne. Sollte es sich bei der Inhaltsfeststellung eines Wertsackes herausstellen, dass ein in einem Wertsack verbeutelter Versackbeutel statt im Wertsack in einem der im Wertsack versackten Wertbeutel versackt werden muss, so ist die in Frage kommende Versackstelle unverzüglich zu benachrichtigen. Nach seiner Entleerung wird der Wertsack wieder zu einem Beutel und er ist auch bei der Beutelzählung nicht als Sack, sondern als Beutel zu zählen… Verwechslungen sind im übrigen ausgeschlossen, weil jeder Postangehörige weiß, dass ein mit Wertsack bezeichneter Beutel kein Wertsack, sondern ein Wertpaketsack ist.«[41]

Brüsseler Spitzen

Die Erscheinungsformen definitionsfreudiger Jurisprudenz wären höchst unvollständig abgebildet, würde man nicht die in permanentem Wachstum befindliche Brüsseler Bürokratie einbeziehen. Sie sorgt in zahlreichen Verordnungen, Richtlinien und Entwürfen für schier endlose »Brüsseler Spitzen«, die *Reinhard Priebe* ausgegraben hat und so umschreibt:

»Unübertroffen in ihrer Klarheit sind etwa die Definitionen von »Milch«… als »das Gemelk einer oder mehrerer

Kühe, dem nichts hinzugefügt oder höchstens ein Teil der Fettstoffe entzogen worden ist« oder der »Milchkuh«... als das weibliche Hausrind, das zur Erzeugung von zur Vermarktung bestimmter Milch geeignet ist und mindestens einmal gekalbt hat.«[42]

Mustergültig exakt war auch die Formulierung des Richtlinienvorschlages über land- und forstwirtschaftliche Zugmaschinen, in dem unter anderem die Methode zur Bestimmung des »Sitzbezugspunktes« des Fahrersitzes erläutert wird:

»Der Sitzbezugspunkt (S) ist der auf der Längsmittelebene des Sitzes gelegene Schnittpunkt zwischen der tangential zum unteren Teil der gepolsterten Rückenlehne verlaufenden Ebene und einer horizontalen Ebene. Diese horizontale Ebene schneidet die untere Fläche der Sitzplatte des Sitzes 150 mm vor dem Sitzbezugspunkt (S).«[43]

Nicht festgestellt wurde, ob und inwieweit die sich mit der Zeit abzeichnende generelle und individuelle Veränderung von Gesäßen der mit diesem »Sitzbezugspunkt« in Berührung kommenden Fahrerinnen und Fahrer zu berechnen ist, und ob die Berechnung dieser Formel mit vier Buchstaben auskäme.[44]

»Schrittgeschwindigkeit« setzt Bodenkontakt voraus

Nicht nur Zugmaschinen, sondern alle Fahrzeuge dürfen nach § 42 Abs. 2 StVO in Verbindung mit dem Verkehrszeichen 325.1 im Abschnitt 4 zu § 42 Abs. 2 StVO in einem verkehrsberuhigten Bereich nur »Schrittgeschwindigkeit« fahren. Das

Oberlandesgericht hatte Gelegenheit, sich mit diesem Begriff näher auseinanderzusetzen. Es führte aus:[45]

»Der Begriff des Schrittfahrens bestimmt sich in jedem Fall als eine Form des Gehens, was nach hierzu allgemeingültigen Definitionen voraussetzt, dass stets zumindest ein Fuß Bodenkontakt hat. Dabei liegt es für den Senat auf der Hand, dass auch der durchschnittliche Verkehrsteilnehmer bei verständiger Würdigung von sich aus nicht etwa ernsthaft noch Geschwindigkeiten in Bereichen in Betracht ziehen wird, welche zum Beispiel nur von Spitzensportlern im Gehen erreicht werden können (die schnellsten Männer erreichen laut »Wikipedia« beim 20-Km Gehen Zeiten um 1:17 Stunden, das entspricht 4,27 m/s oder 15,37 Km/h, die schnellsten Frauen gehen Zeiten um 1:26 Stunden, das entspricht 3,83 m/s oder 13,79 Km/h).«

Allerdings haben sich in der Gerichtspraxis – wie das Oberlandesgericht Hamm darlegt – bei der Auslegung des Begriffs »Schrittgeschwindigkeit« unterschiedliche Auffassungen herausgebildet.

»Während etliche bzw. möglicherweise auch eine überragende Anzahl von Obergerichten den Begriff der Schrittgeschwindigkeit... mit maximal 7 Km/h definieren... wird in anderen obergerichtlichen Entscheidungen auch ein Wert von maximal 10 Km/h genannt.«

Das Oberlandesgericht Hamm resignierte bei dieser Vielzahl unterschiedlicher Schrittgeschwindigkeits-Optionen und nahm, auch mit Rücksicht auf sonst überforderte Kraftfahrer, einen Verstoß gegen diese Grenze »allenfalls erst bei Überschreitung des Wertes von 10 Km/h an...«.

§ 4
Steuerrechtshumor

Das »Sideboard« – Arbeitszimmer

Rechtsbegriffs- und Definitionshumor lässt sich nicht nur losgelöst von bestimmten Rechtsmaterien betrachten. Er kommt vielmehr praktisch in allen juristischen Fachgebieten vor. Besonderes Augenmerk gelten Begriffsfinessen im Steuerrecht, das aus der Perspektive von Steuerzahlern und Steuerberatern auf Steuervermeidung und Steueroptimierung gerichtet ist. Dieses Bemühen führt häufig zu kuriosen Fallkonstellationen und Gerichtsentscheidungen mit hohem Unterhaltungswert.

Einen Schwerpunkt der Steuerrechtsprechung bilden Streitigkeiten um die Anerkennung von Räumen als »häusliches Arbeitszimmer« zur Geltendmachung von Werbungskosten oder Betriebsausgaben. Was ist ein »häusliches Arbeitszimmer« im Sinne von § 4 Abs. 5 Satz 1 Nr. 6 b Einkommensteuergesetz (EStG)?[46]

Der Bundesfinanzhof umschreibt das »häusliche Arbeitszimmer« als einen Raum, »der seiner Lage, Funktion und Ausstattung nach in die häusliche Sphäre des Steuerpflichtigen eingebunden ist und vorwiegend der Erledigung gedanklicher, schriftlicher, verwaltungstechnischer oder organisatorischer Arbeiten dient. Ein solcher Raum ist typischerweise mit Büromöbeln eingerichtet, wobei der Schreibtisch regelmäßig das zentrale Möbelstück ist. Entspricht ein Raum dem Typus des Arbeitszimmers, muss er überdies (nahezu) ausschließlich zur Erzielung von Einkünften genutzt werden.«[47]

Der aufmerksame Leser merkt, dass es bei der Auslegung im Einzelfall auf die Merkmale »Typus« und »nahezu ausschließlich« ankommt. Deshalb versagt die Rechtsprechung einer Arbeitsecke in einem Wohnraum die Qualifikation als »häusliches Arbeitszimmer«. Wie verhält es sich aber bei einem, durch ein »Sideboard« abgetrennten Arbeitsbereich in einem gemischt genutzten Raum? Der Bundesfinanzhof argumentierte, die Abgrenzung durch das einen Meter hohe Sideboard mit daneben liegendem Durchgang zum Rest des Zimmers sei einem durch Wände und Türen abgeschlossenen Raum nicht gleichzusetzen. Ein Raumteiler reiche auch deshalb nicht aus, weil das angrenzende Wohnzimmer durch einen offenen Durchgang ohne Türabschluss betreten werden könne, zumal der Raum neben der beruflichen Nutzung auch zu privaten Wohnzwecken genutzt werden könne.

Das »Durchgangs«-Arbeitszimmer

Der »Sideboard«-Fall gibt jedoch keine Auskunft darüber, ob ein sog. »Durchgangszimmer« steuerrechtlich als »häusliches Arbeitszimmer« anzuerkennen ist. Die verheiratete Lehrerin machte geltend, sie benutze das Durchgangszimmer zum ehelichen Schlafzimmer als Arbeitszimmer. Der Bundesfinanzhof befand, dass der Durchgang durch das Arbeitszimmer in das Schlafzimmer von nur untergeordneter Bedeutung sei. Es sei vielmehr »in der Regel anzunehmen, dass im Lehrberuf tätige Personen je nach Fachgebiet zur Vorbereitung auf den Unterricht und zum Durchsehen von Klassenarbeiten der Schüler in besonderem Maße darauf angewiesen sind, zu Hause zu arbeiten. Das Finanzgericht konnte daher ohne Rechtsverstoß das Durchqueren des Arbeitszimmers durch die Eheleute, um das Schlafzimmer aufzusuchen, im Verhältnis zur intensiven beruflichen Nutzung des Arbeitszimmers durch die Klägerin, als einen Umstand von untergeordneter Bedeutung würdigen.«[48]

Das Kriterium der untergeordneten Bedeutung ist auch entscheidend, wenn die Oma nur bei ihrem alljährlichen Weihnachtsbesuch in dem häuslichen Arbeitszimmer der Kinder nächtigt.[49]

Aktentasche als Arbeitsmittel?

Werbungskosten und Betriebsausgaben können nicht nur bei häuslichen Arbeitszimmern, sondern auch für Arbeitsmittel steuerpflichtiger Personen anfallen. Auch hier kommt es bei der juristischen Beurteilung von Lebenssachverhalten darauf an, ob die konkrete Nutzung des Steuergegenstandes nur von »untergeordneter Bedeutung« oder nur »unwesentlich« ist.

In dem hier vorgestellten Beispiel ging es um die Kontroverse eines Betriebsprüfers eines Finanzamtes, der von dem für ihn zuständigen Finanzamt verlangte, dass seine Aktentasche als »Arbeitsmittel« akzeptiert wird. Das ist schon deshalb nicht selbstverständlich, weil man Aktentaschen bekanntlich unabhängig von ihrer Bezeichnung für unterschiedliche Zwecke verwenden kann. Das Finanzgericht Berlin begründete seine Entscheidung so:

»Die Aktentasche ist ein Arbeitsmittel, weil der Kläger sie so gut wie ausschließlich beruflich benutzt. Er befördert damit nur die Akten, die er beruflich bearbeitet. Andere Gegenstände, mit Ausnahme der Butterbrote, transportiert er in der Aktentasche nicht. Diese private Benutzung ist unwesentlich. Wenn dies noch weiterer Ausführungen bedarf, dann der, dass der Kläger seine Butterbrote regelmäßig nur auf dem Hinweg mit der Aktentasche befördert, weil er sie mittags verzehrt… Zu diesen Schlüssen kommt das Gericht unter anderem auch nach der Besichtigung der Aktentasche. Diese ergab, dass es sich um eine schwarze Tasche mit besonders nachgiebigen und ausladenden Seitentaschen handelt. Sie eignet sich deshalb in erster Linie für den Transport von Akten. Dagegen ist sie für andere Zwecke, etwa zum Einkaufen oder zur Aufbewahrung von Badesachen, zwar nicht ungeeignet, aber unpraktisch, weil es dafür besondere und besser geeignete Behältnisse gibt.«[50]

Schönheitsoperation als »Betriebsausgabe«?

Das nachvollziehbare legitime Steuersparinteresse setzt bei manchen Steuerpflichtigen eine blühende Fantasie frei, um für Aufwendungen für ihr Geschäftsmodell die Anerkennung als »Betriebsausgabe« zu erlangen.

Eine scheinbar clevere Idee in diesem Sinne hatte ein selbständig tätiges Mannequin, das sich einer Schönheitsoperation in Höhe von 8000,00 DM unterzog, um ihren Beruf weiterhin ausüben zu können. Die junge Dame machte geltend, nach dieser »Betriebsausgabe« sei sie in der Lage, Oberbekleidung in der Konfektionsgröße 36 vorzuführen. Die Präsentation eng anliegender Strickmoden, Kleider und Röcke setze eine tadellose Figur voraus und durch die Operation habe sie ihre Einnahmen um 100 Prozent steigern können.

Das Finanzgericht Köln lehnte die Anerkennung der Operationskosten mit dem Hinweis ab, dass Aufwendungen, die das äußere Erscheinungsbild eines Menschen auf Dauer verändern, regelmäßig auch privat veranlasst seien.[51] Dabei sei es unbeachtlich, dass sich die Klägerin ausschließlich aus beruflichen Gründen zur Operation entschlossen habe. Objektive Kriterien, die eine Trennung der Kosten in einen privaten und einen beruflichen Teil zuließen, seien nicht erkennbar. Mit anderen Worten: Eine Schönheitsoperation zur Erhaltung und Optimierung der Figur kann sowohl der beruflichen als auch der privaten Nutzung dienen, weshalb die Kosten als sog. »gemischter Aufwand« zu qualifizieren seien, die auch der Lebensführung dienten und der gesellschaftlichen Stellung geschuldet seien.

Gleichzeitig wies das Gericht darauf hin, etwas Anderes könne gelten, wenn die private Nutzung der Figur unter 10 Prozent läge. Das wäre aber nach bereits hier mehrfach erwähnten Beispielen nur der Fall, wenn die private Nutzung unwesentlich oder unbedeutend wäre. Überträgt man dieses Urteil auf das Digitalzeitalter und den Social-Media-Sektor, dann dürfte feststehen, dass Influencerinnen kaum eine Chance haben, körperliche Verschönerungskosten als Betriebsausgabe abzusetzen.

Begleitservice mit sexuellen Dienstleistungen ist kein Vergnügen!

Steuerrechtlich gesehen kann der Einsatz des menschlichen Körpers nicht nur Werbungskosten auslösen, sondern auch vergnügungssteuerpflichtig sein. Die Erhebung dieser Steuer ist verständlicherweise schon deshalb ein heißes juristisches Eisen, weil Vergnügen individuell unterschiedlich interpretierbar ist. Dieser Meinung ist auch das Oberverwaltungsgericht Münster, das darüber zu befinden hatte, ob das Anbieten eines Begleitservice verbunden mit sexuellen Dienstleistungen innerhalb und außerhalb der Wohnung vergnügungssteuerpflichtig ist. Es stellte aufgrund seiner steuerrechtlichen Fachkunde und hinreichender eigener Lebenserfahrung dazu Folgendes fest:[52]

»Nahezu alle Freizeitaktivitäten können dem Begriff – im Sinne von Zerstreuung und Entspannung – zugeordnet werden, so dass der Aufwand hierfür besteuerbar wäre, etwa die Einkommensverwendung zur Ausübung einer Sportart, für kulturelle Veranstaltungen im weitesten Sinne sowie für solche, die heute unter den Begriff »Event« angeboten werden. Angesichts der Vielfalt des subjektiven Empfindens dessen, was als Vergnügen betrachtet werden kann (vgl. das plattdeutsche Sprichwort: «Wat dem een sien Uul, is dem anner sien

Nachtigall« (Was dem einen seine Eule, ist dem anderen seine Nachtigall)), wären einer Besteuerung kaum Grenzen gesetzt.«

Deshalb hat sich das Gericht an der Entwicklung des Vergnügungssteuerrechts orientiert, das detailliert viele Vergnügungen beschreibt. Danach unterliegen Schönheitstänze und Veranstaltungen ähnlicher Art der Besteuerung. Dazu zählen Stripteasetänze, Schleiertänze und Veranstaltungen, bei denen Personen mit ähnlich sittlich gefährdenden Tätigkeiten beschäftigt werden, besonders wenn sie dabei unbekleidet oder fast unbekleidet sind. Die Klägerin hat wiederholt vorgetragen, dass sie einen gelegentlichen Begleitservice angeboten und hierzu außerhalb ihrer Wohnung sexuelle Dienstleistungen erbracht hat. Doch selbst wenn es auch in der Wohnung der Klägerin zu sexuellen Vergnügungen gekommen wäre, ist der Steuertatbestand nach Auffassung des Oberverwaltungsgerichts nicht erfüllt:

»Eine ihrem eigentlichen Zweck entsprechend genutzte Wohnung ist keine Einrichtung, die Bars, Bordellen oder Swingerclubs ähnelt.«

Ergänzend könnten die inzwischen schon hinreichend versierten Leserinnen und Leser argumentieren, die gelegentliche Nutzung einer Wohnung für sexuelle Dienstleistungen im Rahmen eines Begleitservice sei unbedeutend und unwesentlich gegenüber dem Hauptnutzungszweck der Wohnung.

Unbelegte Brötchen sind keine Mahlzeit

Anlass für finanzrechtliche Streitverfahren bieten nicht nur Dienstleistungen, sondern auch von Arbeitgebern gewährte Sachleistungen. So befassen sich Finanzbehörden und Finanzgerichte öfters mit der Frage, wann eine lohnsteuerpflichtige Mahlzeit vorliegt, die als »Vorteil« und »Sachbezug« mit »Entlohnungsfunktion« zu bewerten wäre. Nach Ansicht des Bundesministeriums für Finanzen[53] werden lohnsteuerrechtlich als Mahlzeiten »alle Speisen und Lebensmittel angesehen, die üblicherweise der Ernährung dienen und die zum Verzehr während der Arbeitszeit oder in unmittelbarem Anschluss daran geeignet sind, somit Vor- und Nachspeisen ebenso wie Imbisse und Snacks. Es kommt daher für die steuerrechtliche Würdigung nicht darauf an, dass dem Arbeitnehmer etwas Essbares zur Verfügung gestellt wird, sondern auch, ob es sich um eine der im Gesetz genannten Mahlzeiten handelt.«

Der Charakter einer Mahlzeit ist danach zu verneinen:
- bei Kuchen, der anlässlich eines Nachmittagskaffees gereicht wird,
- bei kleinen Tüten und Chips, Salzgebäck, Schokowaffeln, Müsliriegel oder vergleichbaren Knabbereien, die Arbeitnehmern bei Kurzstreckenflügen gereicht werden,
- bei unbelegten Brötchen und Rosinenbrot nebst Heißgetränken, die kein Frühstück sind, weil es an einem Aufstrich oder Belag in Kombination von z. B. Butter, Aufschnitt, Käse oder Marmelade fehlt.[54]

Diese Würdigung mag zwar steuerrechtlich im Interesse der Arbeitgeber und des Betriebsklimas liegen. Sie widerspricht aber dem gängigen Verständnis des Wortes Mahlzeit, das üblicherweise mit der Zeit verbunden wird, die man mit dem Essen von Speisen und Getränken verbringt, sei es eine einfache oder eine reichliche Mahlzeit[55]. Ferner könnten die erwähnten Beispiele als Zwischenmahlzeit deklariert werden. Mit anderen Worten: Gesetzgeber und Judikative verkünsteln sich und verbiegen den Mahlzeitbegriff, um ihn lohnsteuerrechtlich gefügig zu machen.

Kann die Rechtsanwaltstätigkeit eine steuerrechtlich absetzbare Liebhaberei sein?

Den Fängen des Steuerstaates kann man sich – abgesehen von der Anwendung einkommensteuer- und lohnsteuerrechtlicher Tricks – bekanntlich nur dann erfolgreich entziehen, wenn es gegenüber dem Finanzamt gelingt, möglichst hohe Kosten und Verluste geltend zu machen und diese mit sonstigen Einkünften zu verrechnen. In diesem Zusammenhang beschäftigt die Rechtsprechung immer wieder die Frage, ob eine berufliche Tätigkeit als Liebhaberei und damit als sog. Hobbyberuf qualifiziert werden kann.

In dem hier auszubreitenden Verfahren behauptet der Kläger, dass ihm der Beruf des Rechtsanwaltes so viel Spaß bereite, dass er ihn aus reiner Liebhaberei betreibe. Der Advokat erlitt mehrere Jahre erhebliche Verluste, mietete aber gleichzeitig größere Räume an und führte eine repräsentative

Kanzlei. Während sich die Finanzbehörde und das Finanzgericht München der Auffassung des Klägers anschlossen, war der Bundesfinanzhof (BFH) aus folgenden Gründen anderer Meinung:

»Im Streitfall spricht der Beweis des ersten Anscheins dafür, dass der Kläger seine Rechtsanwaltskanzlei in der Absicht betrieben hat, Gewinne zu erzielen; denn ein Unternehmen dieser Art ist regelmäßig nicht dazu bestimmt und geeignet, der Befriedigung persönlicher Neigungen oder der Erlangung wirtschaftlicher Vorteile außerhalb der Einkommenssphäre zu dienen… Darüber hinaus hat das Finanzgericht keine persönlichen Gründe oder Motive festgestellt, die den Kläger trotz überwiegender Verluste zur Weiterführung seiner Anwaltskanzlei bewogen haben könnten. Der Umstand allein, dass der Kläger wegen anderweitiger hoher Einkünfte in der Lage war, die aus der »repräsentativen Kanzleiführung« jährlich anfallenden Verluste zu tragen, begründet kein solch persönliches Motiv. Angesichts der Tatsache, dass der Kläger seine Kanzlei hauptberuflich betrieben und… die Anwaltstätigkeit mit vollem persönlichem Einsatz ausgeübt hat, ist ein derartiges persönliches Motiv auch nicht naheliegend. Eine Rechtsanwaltstätigkeit aus Gründen der Liebhaberei kann hier nicht angenommen werden.«[56]

Diese Entscheidung wurde in Anwaltskreisen als glattes Fehlurteil gedeutet. Ein Kollege kleidete seinen Liebhabereiprotest in folgende Worte:

»Einen Sturm der Entrüstung müssten auch meine mehr als 95000 Berufskollegen entfachen gegen die völlig unverständliche Feststellung des BFH, Rechtsanwaltstätigkeit sei keine Liebhaberei. So ist es. Wie konnten so weise Bundesrichter nur zu so einer Erkenntnis gelangen? Sie scheinen nichts zu wissen vom anwaltlichen Alltag… Allein schon die Arbeitszeit des Anwalts vom frühen Morgen, bevor die Schulen ihre Pforten öffnen, bis deutlich nach der abendlichen »Tagesschau« belegt zur Genüge, dass hier jemand einem ausgesprochenen Hobby nachgehen muss… Liebhabereien werden in Mußestunden ausgeübt. Da solche dem Anwalt nicht mehr zur Verfügung stehen, ergibt sich hieraus zwangsläufig die Feststellung, dass seine berufliche Tätigkeit gleichzeitig auch seine – einzige – Liebhaberei ist.« Willkürlich herausgenommene Tätigkeiten bestärken die Richtigkeit dieser conclusio.

»Wollten wir es einem Mandanten – es könnte sich z. B. um einen Lehrer handeln – übelnehmen, wenn er vor Einreichung eines Schriftsatzes zunächst um einen Entwurf bittet, um dann kleinliche Korrekturen vorzunehmen? Ist es etwa ärgerlich, wenn nach dem direkten Eilantrag auf Zuweisung der ehelichen Wohnung der lapidare Anruf kommt, man habe sich inzwischen wieder versöhnt? Nein! Ein dreimal laut gerufenes Nein müsste sich an den staatlichen Mauern des BFH brechen. Wir Anwälte sind nicht nur Liebhaber unserer Justitia, auch wenn sie immer fülliger wird, sondern gehen mit unserem Beruf einzig und allein einer Liebhaberei nach. Sie ist nämlich nichts anderes als die »Vorliebe für etwas, Neigung in Bezug auf andauernde Beschäftigung mit einem Gegenstand, einer Kunst, Wissenschaft oder ähnl.« (vgl. *Jacob* und *Wilhelm Grimm*, Deutsches Wörterbuch, Bd. 12, Leipzig 1985d, dtv-Verlag 1984)… Morgen gehe ich wieder in meine Kanzlei. Natürlich just for fun!«[57]

Ein Sylt-Aufenthalt kann steuerlich absetzbar sein

Eigentlich gehört das Verfassen von Fachbüchern zur steuerrechtlichen Kategorie der Liebhaberei. Denn sie sind häufig Produkte einer Nebentätigkeit, die vielfach zugleich der persönlichen Bedürfnisbefriedigung dienen und bei deren Verkauf im Allgemeinen kaum nennenswerte Erlöse erzielt werden. Auf diese Besonderheiten nimmt das Einkommensteuerrecht jedoch keine Rücksicht, obwohl viele Finanzbeamte und Finanzrichter diese Situation aufgrund eigener Publikationen kennen. Vor diesem Hintergrund stellt sich die Frage, wie man dem Finanzamt gleichwohl ein Schnippchen schlagen kann, indem man als Autor auf clevere Weise Kosten als Betriebsausgaben erfindet. Ein erfolgreiches Muster ist der Hinweis des Schriftstellers auf eine bevorstehende kurze Abgabefrist bei dem Verlag.

Um den vereinbarten Zeitpunkt nicht zu verpassen, machte der an einer Fachhochschule als Dozent lehrende Kläger für seine nebenberufliche Tätigkeit die Kosten für einen 10-tägigen Aufenthalt auf Sylt (Fahrtkosten, Hotelkosten, Verpflegungsaufwendungen) steuerlich geltend.

Das Finanzgericht Niedersachsen erkannte die Kosten als Betriebsausgaben (gemäß § 4 Abs. 4 EStG) für die selbständige Autorentätigkeit an, da der Hotelaufenthalt ausschließlich berufsbedingt gewesen sei. Denn er sei nur dazu benutzt worden, die Neuauflage eines Fachbuches (mit 573 Seiten und 246 Abbildungen und 65 Tabellen) vorzubereiten, für die der Kläger konkreten Termindruck angeben konnte. Um den Termin halten zu können, habe er sich allein, völlig ungestört mit der nötigen Büroausstattung (Notebook, Drucker usw.) in ein Hotel auf Sylt zurückgezogen, obwohl er an der Fachhochschule ein eigenes Büro und in seiner Wohnung ein Arbeitszimmer hat. An der Hochschule sei wegen Baulärms kein Arbeiten möglich gewesen, und zu Hause habe er wegen der Kinder nicht ungestört arbeiten können, so dass er den Abgabetermin unter diesen Bedingungen nicht hätte einhalten können. Deshalb seien die Tage im Hotel als Arbeitstage im Rahmen der selbständigen Tätigkeit zu werten. Die Aufwendungen seien auch keine typischen Kosten der Lebensführung im Sinne des § 12 EStG. Denn das Gericht stand dem Kläger zu, dass die Abgeschiedenheit und Ruhe auf der Insel im Februar, das Klima und die Umgebung besonders geeignet seien, ein effektives Arbeiten mit kurzen Erholungspausen zu ermöglichen.[58]

§ 5
Verbraucherrechtshumor

Die »geruchlosen« Beine

Zwischen Steuerrecht und Verbraucherrecht besteht die Gemeinsamkeit, dass es den von diesen Rechtsmaterien Betroffenen und Begünstigten stets darum geht, wie man am meisten Geld sparen kann. Das Verbraucherrecht hat in jüngerer Zeit Hochkonjunktur, weil Gesetzgebung und Rechtsprechung Konsumenten zunehmend Ansprüche einräumen, die ihren juristischen Status als »König Kunde« unterstreichen und deutlich verbessern. Es versteht sich von selbst, dass diese komfortable Ausgangslage die Streitlust und die Durchsetzung von Rechten enorm befördern. Im Mittelpunkt steht dabei die Frage, welche Anforderungen etwa bei Werbeaussagen oder Montageanleitungen an Verbraucherinnen und Verbraucher gestellt werden dürfen.

In einem Werbeslogan für Damenstrümpfe hieß es: »Hält Beine geruchlos.« Handelt es sich bei diesem Versprechen um eine Verbrauchertäuschung oder müssen die angesprochenen Verkehrskreise wissen, was mit dem Adjektiv »geruchlos« gemeint ist?

Der Oberste Gerichtshof der Republik Österreich hat dazu folgende Gedanken entwickelt:

»Nach den Ergebnissen des Verfahrens ist davon auszugehen, dass beim Tragen der nach dem »S-Verfahren« antimikrobiell ausgerüsteten Feinstrumpfhosen bei entsprechender Körperpflege jedenfalls durch erhebliche Zeit unangenehmer Körpergeruch (insbesondere Fußschweißgeruch) nicht auftritt. Da die angesprochenen Verkehrskreise (bzw. ein noch erheblicher Teil von ihnen) keineswegs annehmen werden, man könne beim Tragen derart behandelter Feinstrumpfhosen auf die üblichen Hygienegewohnheiten (regelmäßige Körperreinigung und regelmäßiges Wechseln und Waschen der Feinstrumpfhosen) verzichten, ist die von der Klägerin beanstandete Ankündigung der Beklagten »Hält Beine geruchlos«, nicht geeignet, das Publikum über die besonderen Eigenschaften dieser Feinstrumpfhosen in Irrtum zu führen.«[59]

Die richterlich angeordnete Schlafposition

Einem Irrtum erlag aber A, der sich ein 1,60 Meter breites Boxspringbett zulegte, das aus einem Untergestell, zwei Matratzen von jeweils 60 cm sowie einem durchgehenden Topper bestand. Nach etwa zwei Jahren bildete sich in der Mitte des Bettes eine deutlich sichtbare Mulde, weil A nur in der Mitte seines Boxspringbettes schlief. Er hielt deshalb das Bett für mangelhaft und wollte den Kaufvertrag rückabwickeln.

»Das sah das Landgericht Koblenz anders. Es wies A daraufhin, nicht das Bett, sondern sein Schlafverhalten sei mangelhaft. Denn ein Bett mit zwei Matratzen sei dafür bestimmt, dass eine Person rechts und die andere links liege. Deshalb müsste sich der Alleinschläfer A entweder einen Mitschläfer suchen oder aber die Bettseiten wechseln, also eine Nacht auf der rechten und die nächste Nacht auf der linken Bettseite schlafen. Deshalb sei die Bettnutzung von A sachwidrig.«[60]

»Blutige«, »durchschnittliche« und »gebildete« Laien

Um die Rückgängigmachung eines Vertrages ging es auch nach dem Kauf eines Bausatzes zur Selbstmontage einer Solarheizungsanlage auf einem Flachdach. Der Verkäufer erklärte, die Solaranlage könne auch von »Laien« montiert werden. In der zur Verfügung gestellten Montageanleitung fanden sich jedoch folgende Hinweise:

»Die in dieser Montageanweisung beschriebenen Tätigkeiten setzen Fachkenntnisse entsprechend einer abgeschlossenen Berufsausbildung im Gas-/Wasserinstallationshandwerk voraus… Die Montage des Flachdachständers muss… von einer Fachfirma ausgeführt werden.«

Der Bundesgerichtshof hat sich in diesem Fall intensiv mit der Frage auseinandergesetzt, wie der Begriff »Laie« zu verstehen ist:

»Unter einem Laien ist nach dem allgemeinen Sprachgebrauch eine Person zu verstehen, die im Gegensatz zu einem Fachmann auf einem bestimmten Gebiet keine abgeschlossene Ausbildung hat (*Brockhaus/Wahrig*, Deutsches Wörterbuch). Dieses Begriffsverständnis schließt es jedoch nicht aus, dass auch ein Laie über gewisse Fachkenntnisse verfügt. Der Umfang des Begriffs »Laie« reicht vom »blutigen« Laien, ohne jegliche Fachkenntnisse, bis zum »gebildeten« Laien, dessen Fachkenntnisse denen eines Fachmanns gleichstehen können (vgl. *Duden*, Das große Wörterbuch der deutschen Sprache, 2. Auflage). Mit dem »durchschnittlichen« Laien ist demnach eine Person bezeichnet, die handwerklich nicht völlig unbegabt ist, deren Fertigkeiten aber auch nicht denen eines Fachmannes entsprechen.«

Vor diesem sprachlichen Hintergrund stellte das Gericht fest, dass der Käufer die Erklärung des Verkäufers, die Solaranlage könne auch von Laien montiert werden, dahin verstehen konnte, dass hierzu zwar gewisse handwerkliche Fähigkeiten, nicht aber die Fähigkeiten eines Fachmannes erforderlich seien.«[61]

»Toilettensteh- und Kellerpinkler«

Das Verbraucherrecht spielt ferner bei der Beurteilung von Schäden eine Rolle, die von Mietern verursacht werden. Ein typischer Fall ist der sog. »Stehpinkler«, dessen Toilettenverhalten erfahrungsgemäß nicht nur Wohnungsgenossinnen nervt. Die von ihnen angeführten und eigentlich einleuchtenden Argumente gegen das »Stehpinkeln« haben jedoch das Amtsgericht Düsseldorf nicht überzeugt. Es hat stattdessen die Rechtsposition des »Stehpinklers« mit einem kuriosen Urteil gestärkt, dem folgender Sachverhalt zugrunde lag.

Der »Stehpinkler« und sein Vermieter stritten über den abgestumpften Marmorboden in der Nähe der Toiletten, den der Eigentümer bezahlt haben wollte und deshalb einen Teil der Kaution einbehielt. Er legte dazu ein Gutachten vor, das die Urinspritzer des Mieters als ursächlich für die Bodenabstumpfung auswies. Der Richter lehnte die Einbehaltung der Kaution mit der Begründung ab, das Urinieren im Stehen sei weit verbreitet, während die sich daraus ergebenden Gefahren für Fußböden kaum bekannt seien. Wörtlich heißt es in dem Urteil:

»Trotz der in diesem Zusammenhang zunehmenden Domestizierung des Mannes ist das Urinieren im Stehen durchaus noch weit verbreitet. Jemand, der diesen früher herrschenden Brauch noch ausübt, muss zwar regelmäßig mit bisweilen erheblichen Auseinandersetzungen mit – insbesondere weiblichen – Mitbewohnerinnen, nicht aber mit einer Verätzung des im Badezimmer oder Gäste-WC verlegten Marmorbodens rechnen.«[62]

Ganz andere Töne schlug das Amtsgericht Zerbst bei videoüberwachten Kellerpinklern an. Die entscheidende Passage der Entscheidung liest sich so:

Hat ein Vermieter den begründeten Verdacht, dass ein Mieter »wild in den Keller uriniert«, und wird die Vermutung durch eine von ihm verdeckt angebrachte Videokamera bestätigt, so kann er den Mietvertrag fristlos auflösen. Die »erhebliche Rechtsverletzung« rechtfertigt auch den verdeckten Einsatz der Videokamera.[63]

Küstenpinkler

Von den Toilettensteh- und Kellerpinklern ist die Gattung der »Küstenpinkler« zu trennen. Dabei handelt es sich um Menschen, die sich im Schutze der Nacht mit dem Rücken zum Strand stehend in Richtung Wasser erleichtern. Spaziergänger waren während der »Tatzeit« um 00:36 Uhr nicht unterwegs. Aber der kommunale Ordnungsdienst der Stadt Lübeck beobachtete den Vorgang. Ein Mitarbeiter stellte den »Täter« zur Rede und forderte wegen Verstoßes gegen § 118 OWiG eine Geldbuße von 60 €.

Dagegen klagte der Küstenpinkler vor dem Amtsgericht. Es befand, bei dem nächtlichen Wasserlassen an der Küste liege weder eine Belästigung noch eine Gefährdung der Allgemeinheit vor. Insbesondere habe der Betroffene nicht das Schamgefühl der Öffentlichkeit verletzt. Er habe sich vielmehr dem Schutze der Dunkelheit anvertraut und nicht damit rechnen müssen, unvermittelt von Taschenlampen des Ordnungsdienstes angestrahlt zu werden. Der Vorgang des Wasserlassens unter freiem Himmel sei ohne Hinzutreten weiterer Umstände keine grob ungehörige Handlung. Eine gewisse Üblichkeit und Duldung sei hierfür bei Wanderungen, bei Arbeiten in Feld und Flur, bei Jägern und Pilzsammlern, Radsportlern und Radtourlern sowie bei sonstigen naturnahen Beschäftigungen benennbar. So könne es dem Kläger nicht zum Nachteil gereichen, dass es am Spülsaum der Ostsee landschaftsbedingt anders als in Bergen oder an Waldrändern keine weiteren Rückzugsmöglichkeiten gegeben habe.

Wörtlich stellte das Gericht zu dieser Besonderheit fest:

»So ist es halt an der Küste.«

Es sei auch keine belästigende Verschmutzung oder Geruchsbeeinträchtigung eingetreten. Denn die Ostsee sei keine Pfütze, da habe der Betroffene durchaus mitgedacht. Denn sie bestehe nach Recherchen des Gerichts aus 21,631 Kubikkilometer Brackwasser. Der Verdünnungsgrad wäre selbst im Wiederholungsfall so hoch, dass eine belastende Verschmutzung oder Geruchsbeeinträchtigung ausgeschlossen sei.

Abschließend kommt das Amtsgericht zu folgender verallgemeinerungsfähiger Formel für das Wasserlassen im Freien:

»Der Mensch hat unter den Weiten des Himmels nicht mindere Rechte als das Reh im Wald, der Hase auf der Flur oder die Robbe im Spülsand der Ostsee«[64].

»Promovierter Arsch« als Kündigungsgrund

Während bei dem Wasserlassen an der Küste die Wassertemperatur offensichtlich keine Rolle spielt, war das bei der Kündigung eines Mietvertrages der Fall, weil der Mieter die zu geringe Wassertemperatur in seiner Wohnung monierte. Der promovierte Vermieter versprach Abhilfe, wollte sich aber zunächst selbst vor Ort über die gerügte Wassertemperatur überzeugen. Da der Mieter den Zutritt zu seiner Wohnung verweigerte, kam es zu einem Wortgefecht, bei dem der Mieter den Ausdruck »Sie promovierter Arsch« gebrauchte. Das Amtsgericht München meinte, diese Wortwahl gehe aufgrund des ehrverletzenden Charakters über eine noch hinnehmbare

Pöbelei oder Unhöflichkeit hinaus, weshalb die fristlose Kündigung des Mietverhältnisses berechtigt sei.[65]

Die in Verkehr gebrachte »Bärenleuchte« ist kein Spielzeugtier

Verbraucherrechtlich gewinnt auch das »Bereitstellen« von Produkten (§ 3 i. V. m. § 2 Nr. 4 Produktsicherheitsgesetz)[66] zunehmend an Bedeutung. Dabei steht die staatliche Sorge im Vordergrund, dass etwa technische Arbeitsmittel bestimmten Anforderungen entsprechen müssen, damit sie bei bestimmungsgemäßer oder vorhersehbarer Verwendung die Sicherheit und Gesundheit der Benutzer nicht gefährden.

Kann unter dieser Prämisse eine ortsveränderliche Leuchte, die ein Tier darstellt (»Bärenleuchte«), aufgrund ihres Aufbaues und der verwendeten Materialien von Kindern als Spielzeug angesehen werden mit der Folge, dass das »Bereitstellen« dieses Produkts zu untersagen ist? Das Oberverwaltungsgericht Koblenz hat die Einordnung der Leuchte als Spielzeug mit folgender sachkundiger und einfühlsamer Begründung verneint:

»Bei einer Größe von ca. 30 cm... oder gar 72 cm... ist die bärenförmige Leuchte zu groß, um wie ein Spielzeugtier aus Plastik spielerisch (hin und her) bewegt zu werden, etwa in einem Zoo- oder Zirkusspiel oder als »Gegner« einer »Heldenfigur«... Die Form ist wenig gegliedert und sehr naturfern, ähnelt aber auch keiner »Comic-Version« eines Bären, »Gesichtszüge« fehlen (fast) völlig, Arme, Beine und Kopf sind nicht beweglich und die Leuchte »äußert« auch keinen Brummton oder Ähnliches. Aufgrund der Materialwahl – harter, unnachgiebiger Kunststoff – eignet sich die Leuchte auch nicht als »Schmusetier«. Deshalb sind die Leuchten »Nicki-Bär 1 und 2«… auch für Kinder ihrer Funktion nach… Lampen und damit Einrichtungsgegenstände.«

Mit diesen Argumenten war aber noch nicht die Behauptung aus der Welt, es sei zu erwarten, dass Kinder mit dieser Art von Leuchten auch »spielerisch umgehen«. Als Beispiel nannte die Untersagungsverfügung eine feuchte Reinigung oder ein unter die Decke Mitnehmen bei eingeschaltetem Zustand. Diese Einwände kommentierte der Senat so:

»Die Gefahr einer feuchten Reinigung durch ein Kind existiert… bei sämtlichen »elektrischen Betriebsmitteln« und die Gefahr, dass eine – nicht als Schmusetier verwendete – Leuchte »Nicki-Bär 1 oder 2« mit unter die Bettdecke genommen wird, etwa weil dort so auch noch nach Beginn der von den Eltern gewünschten Nachtruhe ein weiteres Lesen oder Spielen ermöglicht wird und weil das »bunte Licht« als solches attraktiv erscheint, besteht in gleicher Weise bei einer anderen bunten Leuchte… Deshalb würde es beispielsweise auch nicht genügen wenn ein Kind »Hausputz« spielen und dabei verschiedene Einrichtungsgegenstände einschließlich einer Leuchte »Nicki-Bär 1 oder 2« feucht reinigen oder ein anderes Kind »Handwerker« spielen und Gegenstände… mittels Werkzeugen in ihre Einzelteile zu zerlegen versuchen sollte. Auch dabei würde nämlich die Leuchte »Nicki-Bär 1 oder 2« nicht aufgrund ihres Aufbaus oder der verwendeten Materialien… als Spielzeug angesehen.«[67]

§ 6
Reiserechtshumor

Urlaub zum Nulltarif

Ein Eldorado des Verbraucherschutzes ist die spezielle Ausprägung des sog. Reisepreisminderungsrechts, dem wegen der herausragenden Bedeutung in der Praxis ein eigenständiges

Vorschlag: Zielgruppe Familien mit Kleinkindern	
Hotel nicht in Stadtnähe	10 %
Zimmer zu klein	10 %
Mobiliar zu karg	10 %
Ungeziefer	20 %
Eintöniger Speisezettel	5 %
Essen in Schichten	10 %
Verschmutzte Tische	5 %
Verschmutzter Strand	20 %
Fehlende Snack- oder Strandbar	5 %
Fehlende Boutique oder Ladenstraße	5 %
	100 %

Kapitel gewidmet ist. Ausgangspunkt ist die durch Buchungen gesicherte Erkenntnis, dass Deutsche, Österreicher und Schweizer zur Gruppe der »Reiseweltmeister« gehören. Schon

Vorschlag: Zielgruppe Pärchen bis zum Alter von 40 Jahren	
Hotel statt Bungalow	10 %
Zimmerfeuchtigkeit	20 %
Schlechte Zimmerreinigung	10 %
Lärm am Tage	10 %
Nicht genügend warme Speisen	10 %
Lange Essenswartezeiten	15 %
Fehlender FKK-Strand trotz Zusage	15 %
Fehlender Tennisplatz trotz Zusage	10 %
	100 %

Vorschlag: Zielgruppe Singles ab dem Alter von 40 Jahren	
Doppelzimmer statt Einzelzimmer	20 %
Ausfall der Klimaanlage	10 %
Ungenügender Wäschewechsel	5 %
Lärm in der Nacht	15 %
Ungenießbare Speisen	25 %
Fehlende Reitmöglichkeit trotz Zusage	10 %
Fehlende Animateure trotz Zusage	10 %
Fehlende Reiseleitung	5 %
	100 %

angesichts dieses quantitativen Massenphänomens gibt es häufig Beschwerden über den Reiseverlauf, wobei der Wunsch nach einer Reduzierung des Reisepreises im Zentrum der Klagen steht. Diesem Anliegen kommen etwa die »Frankfurter Tabelle«[68], die »ADAC-Tabelle«[69], die »Kemptner Reisemängeltabelle« der »Mainzer Minderungsspiegel« oder die von

Jörg Lefèvre bereits im Jahre 1986 zusammengestellte »Reisepreisminderungstabelle für Pauschalreisende« entgegen. Diese Orientierungshilfen listen akribisch Urlaubsmalaisen und die sich daraus ergebenden Preisnachlässe auf, um Touristen ein gediegenes Leben zum Nulltarif zu ermöglichen, wie der Zivilrechtsprofessor *Helmut Köhler* am Beispiel der Frankfurter Tabelle nachgewiesen hat:

»Es hat sich… herumgesprochen, dass man bei »Beeinträchtigungen des Reisegenusses« etwas vom Reisepreis abzwacken kann. Die mit solchen Klagen überhäuften Frankfurter Richter haben sich jetzt zwecks Arbeitserleichterung ein Schema angefertigt, das sie stolz »Frankfurter Tabelle« nennen. Darin sind übersichtlich die einzelnen »Reisemängel« und die dafür gewährten Abschläge vom Reisepreis aufgezeichnet… Und das Tolle dabei: man kann bei Vorliegen mehrerer »Mängelpositionen« die Prozentsätze addieren. Anspruchslose Reisefreunde… werden hier sofort ihre Chance wittern. Es seien ihnen einige zielgruppenorientierte Pauschalangebote unterbreitet, wie sie nach »Frankfurter Art« zum Nulltarif in Urlaub fahren können.«

Die noch Unerfahrenen möchten wir der Fürsorge der Frankfurter Richter anvertrauen. Unsere herzliche Bitte an die Reiserechtsspezialisten: Sie möchten doch noch eine Tabelle erstellen, aus der sich ergibt, an welchen Orten man sich auf die aufgeführten »Reisemängel« berufen kann. Für allein reisende Damen aber noch ein vorsichtiger Hinweis: bei Belästigungen durch einheimische junge Männer gibt das Landgericht Frankfurt lediglich eine Minderung von 20 %.«[70]

Keine Reisepreisminderung bei Einzelbetten

Die detaillierte Aufzählung befasst sich zwar unter anderem auch mit einer Preisreduzierung für den Fall, dass statt eines gebuchten Einzelzimmers lediglich ein Doppelzimmer zur Verfügung steht. Sie nimmt aber keine Stellung zu der Frage, ob Reisende sich damit abfinden müssen, wenn sie in dem Hotelzimmer anstelle des gebuchten Doppelbettes zwei getrennte Einzelbetten vorfinden.

Das Amtsgericht Mönchengladbach verweigerte einem Paar »Schadensersatz wegen nutzlos aufgewendeter Urlaubszeit«, obwohl sich der Mann aufgrund der Einzelbetten in seinen Schlaf- und Beischlafgewohnheiten »empfindlich beeinträchtigt« fühlte. So wurde vorgetragen, die beiden Schlummerlager hätten sich, notgedrungen aneinandergestellt, zumal auf »rutschigen Fliesen« stehend, »bei jeder kleinsten Gelegenheit mittig« auseinander bewegt. Dieses Vorbringen überzeugte das Gericht nicht. Es führte vielmehr aus, dass man Sex, auch auf einem Bett haben könne und lieferte dazu folgende sachkundig gefestigte und nachvollziehbare Begründung:

»Dem Gericht sind mehrere allgemein bekannte und übliche Variationen der Ausführung des Beischlafs bekannt, die auf einem einzelnen Bett ausgeführt werden können, und zwar »durchaus zur Zufriedenheit aller Beteiligten.« Aber selbst wenn ein fest verbundenes Bett erforderlich gewesen wäre, hätte der Kläger nur weniger Handgriffe bedurft und es wäre in wenigen Minuten zu erledigen gewesen, die beiden Metallrahmen mit einer festen Schnur mechanisch zu verbinden. Bis zur Beschaffung dieser Schnur hätte sich der Kläger »beispielsweise seines Hosengürtels« bedienen können, denn dieser wurde in seiner ursprünglichen Funktion in dem Augenblick nicht benötigt.«[71]

Über den entscheidungserheblichen Satz, dass dem Gericht mehrere »allgemein bekannte und übliche Variationen« bekannt sind, hat der Jurist *Tonio Walter* in seiner Stilkunde für Juristen wie folgt gelästert:

»Wenn es um »allgemein bekannte und übliche« Variationen geht, ist nicht besonders hervorhebenswert, dass sie auch dem Gericht bekannt sind. Vielmehr heißt es dann: »Es ist allgemein bekannt…« Das hätte jedoch dem Richter – wahrscheinlich ein Mann – den impliziten Hinweis genommen, dass auch er mit mehreren Beischlafvariationen vertraut sei, »und zwar durchaus zur Zufriedenheit aller Beteiligten«. Und dies ist der bescheiden triumphierende Amtsrichterruf, der hinter jenem vorgehaltenen Satz ertönt: »Auch ich!« Auf den ersten Blick also ein sachliches, unfreiwillig komisches Urteil, auf den zweiten Blick in zwei Sätzen absichtlich komisch und auf den dritten Blick der eigentliche…unfreiwillige Humor.«[72]

Schweizer Folklore stört karibisches Flair

Ganz andere Urlaubssorgen hatte ein Kläger, nach dessen Meinung die gebuchte nicht mit der tatsächlich stattgefundenen Reise übereinstimmte. Der Kläger hatte eine Karibik-Kreuzfahrt auf einer »schwimmenden Lady aus Griechenland« gebucht, die »Stil, Charme und Atmosphäre« garantieren sollte. Versprochen wurden Folklore, Tanz, Misswahl und ein Kostümfest. Von den rund 560 Passagieren waren 500 Mitglieder eines Schweizer Folklorevereins, deren Reiseleiter auch die Verantwortung für das Unterhaltungsprogramm übernahm, welches das Landgericht Frankfurt am Main so umschrieb:

»Die Borddurchsagen über Lautsprecher in den einzelnen Kabinen erfolgten zumindest teilweise in Schwyzer Dütsch. Das lateinamerikanische Programm war entsprechend reduziert. Das Unterhaltungsprogramm für einen Tag sah laut Bordzeitung beispielhaft wie folgt aus:

»09:30 Uhr	Trachtentanz in der Galaxi Disco auf dem Sun-Deck,
10:00 Uhr	Kapelle Echo vom Toedi beim Schwimmbad,
10:30 Uhr	Folklore Choerli in der Galaxi Disco auf dem Sun-Deck vorne,

20:15 Uhr	Rassige Unterhaltung mit den Dorfspatzen Oberaegeri beim Schwimmbad auf dem Jerusalem Deck hinten,
20:15 Uhr	Tanz mit der Kapelle Echo vom Toedi im Mayfair Ballsaal auf dem Athens Deck hinten,
22:00 Uhr	Kapelle Hans Muff in der Rendez Vous Bar,
22:00 Uhr	gemütlicher Folkloreabend im Mayfair Ballsaal auf dem Athens Deck.«

Das Gericht hielt eine Minderung des Reisepreises um 40 % für gerechtfertigt, weil die Kreuzfahrt mit einem Reisemangel behaftet gewesen sei. Die Folklore aus der Schweiz sei eine erhebliche Abweichung von dem geschuldeten Kreuzfahrtprogramm. Bei einer Kreuzfahrt in die Karibik hätte davon ausgegangen werden können, dass es der Reiseroute angepasst sei, mit Palmen und südamerikanischen Rhythmen. Damit seien die durchgeführten Folkloreveranstaltungen der Schweizer Gruppen nicht zu vereinbaren:

»Diese mit Kuhglocken, Blaskapellen, Jodlern, Schweizer Dorfspatzen oder Trachtentänzen angereicherten Programme passen in die Gebirgswelt der Alpen, nicht aber in das Gebiet der Karibik und schon gar nicht auf ein Kreuzfahrtschiff, bei dem der Reisende dem einseitigen Treiben nicht ausweichen kann.«

Zwar stellte die Schiffsleitung den verzweifelten deutschen Passagieren einen »Luftschutzkeller« in Gestalt eines besonderen Schiffsraumes mit Bar zur Verfügung, in dem sie dem alpenländischen Bombardement entgehen und sich zurückziehen konnten. Diese Ausgrenzung der deutschen Gäste und ihre Verweisung in einen eigenen Raum sah das Landgericht als weitere Beeinträchtigung an, welche die Minderung des Reisepreises rechtfertige.[73]

Dreharbeiten auf dem »Traumschiff« als Reisemangel?

Bei Kreuzfahrten wird nicht nur gejodelt und in Schwyzer Dütsch gesungen, sondern auch gefilmt. Der Grund: Viele Fernsehzuschauer sind begeistert von den Sendereihen »Verrückt nach Meer« und »Traumschiff«. Wie ist es aber, wenn während einer Kreuzfahrt häufig Dreharbeiten stattfinden?

Hier sind zwei Gruppen von Reisenden zu unterscheiden. Für die erste Gruppe ist es eine willkommene Gelegenheit, hinter die Kulissen zu blicken und als Statist bei einer Szene mitzuwirken. Es gibt sogar Passagiere, die diese Kreuzfahrten gezielt buchen, weil sie der Film-Crew jederzeit als Komparsen für Hintergrundaufnahmen zur Verfügung stehen wollen. Für die zweite Gruppe ist das Filmen an Bord ein echtes »Aufregerthema« und ein erheblicher Reisemangel, es sei denn, die Reederei hat die Dreharbeiten bei der Reiseausschreibung angekündigt. Im Übrigen gibt es deshalb Beschwerden, weil während der Filmaufnahmen Teile des Kreuzfahrtschiffes (Promenadendecks, Bars, Restaurants usw.) für die Gäste gesperrt sind, Drohnen über den Passagieren kreisen und Regieanweisungen an die Film-Crew über Megafon erteilt werden.

Ein Ehepaar berichtete, man sei als Passagier ständig auf der Flucht vor dem Filmteam gewesen. Das Amtsgericht Bonn gab deshalb der Klage auf Reisepreisminderung in Höhe von 20 % für zwölf Drehtage mit der Begründung statt, die Passagiere müssten jederzeit alle Freizeitmöglichkeiten nutzen können[74]. Das Landgericht Bonn sowie das Oberlandesgericht Köln lehnten dieses Ansinnen ab, weil es sich bei Dreharbeiten lediglich um eine hinnehmbare Belästigung und keine erhebliche Beeinträchtigung handle.[75]

Armbandtragepflicht bei All-Inclusive-Reisen?

Die Grenzen zwischen einer hinnehmbaren Belästigung und einer erheblichen Beeinträchtigung des Reisegenusses kann auch bei sog. »All Inclusive«-Reisen relevant werden. Hier geht es etwa um die Frage, ob die Gäste ein Armband tragen müssen, damit man sie von anderen Urlaubern unterscheiden kann. Das ist umstritten. Das Landgericht Frankfurt a. M. musste sich mit einem Fall befassen, bei dem das Armband 18 cm lang, 2,7 cm breit, grün und mit dem Namen des Reisenden sowie des gebuchten Hotels versehen war. Das Armband konnte ohne Zerstörung seiner Substanz nicht geöffnet werden und war nur einmal verwendbar. In dem Reisekatalog wurde auf die Tragepflicht nicht hingewiesen. Die Kläger sahen in dem »Armbandzwang« eine gravierende Einschränkung ihrer Persönlichkeitsrechte. Da sie sich weigerten, die Armbänder anzulegen, erhielten sie vom Hotel weder Mahlzeiten noch Getränke. Daraufhin zogen die Kläger in ein anderes Hotel und forderten die zusätzlichen Kosten zurück. Zu Recht, wie die Frankfurter Richter meinten. Denn vertraglich sei, was ohne weiteres möglich gewesen wäre, das Tragen des Armbands nicht vereinbart gewesen. Ferner – so das Gericht

»… stellt es bereits eine Beeinträchtigung dar, dass diese Armbänder weder zum Schlafen, zum Waschen oder zum Sonnenbaden abgenommen werden können. Entgegen der Auffassung des Amtsgerichts kann aber im Tragen solcher Armbänder durchaus eine Beeinträchtigung des Persönlichkeitsrechts gesehen werden… Es soll erreicht werden, dass die individuelle Persönlichkeit hinter der Kennzeichnung zurücktritt… Denn eine solche Kennzeichnung mit einem… Merkmal war und ist stets dann gebräuchlich, wenn es gerade nicht auf die Persönlichkeit des einzelnen Gekennzeichneten ankommt bzw. dieser nicht in der Lage ist, seiner Persönlichkeit Ausdruck zu verleihen. So ist z. B. eine solche Kennzeichnung bei Tieren üblich. Auch Säuglinge, die ihrer Persönlichkeit noch keinen Ausdruck verleihen können, werden zeitweise gekennzeichnet… Damit konnte die Beklagte… bereits aus diesen Gründen das Tragen dieser Armbänder nicht verlangen.«[76]

Unter Hinweis auf diese Entscheidung hat das Amtsgericht Köln noch drastischer formuliert, man könne von Touristen nicht verlangen,

»sich durch das Anlegen einer grünen Plastikmanschette wie Schafe an der Schur kennzeichnen zu lassen.«[77]

Zur Reservierung von Poolliegen

Kann man aber von Hotelgästen verlangen, dass sie Poolliegen nicht mit Handtüchern blockieren? Das Amtsgericht Hannover hat dazu angemerkt, dass eine Pauschalreise auch dann mangelhaft sein kann, wenn das Personal eines Hotels nicht einschreitet, falls Reisegäste Liegestühle etwa mittels eines Handtuches längere Zeit reservieren, ohne sie tatsächlich zu nutzen.

Das beklagte Hotel verfügte über etwa 500 Poolliegen, wobei es nach den Verhaltensregeln untersagt war, die Liegestühle für mehr als 30 Minuten zu reservieren, ohne sie zu nutzen. Da sich der Kläger im Gegensatz zu anderen Gästen penibel an die Baderegeln hielt, standen ihm mehrfach keine Liegen zur Verfügung, weshalb er einen Teil des Reisepreises zurückforderte. Die Beklagte war der Auffassung, es handle sich um »ein friedliches Wettrennen um die begehrten Plätze am Pool« getreu dem sprichwörtlichen Motto: Der frühe Vogel fängt den Wurm. Möglicherweise habe sich nur der Kläger an die Regeln gehalten, obwohl er nicht mit Sanktionen habe rechnen müssen, wenn er bei Sonnenaufgang sein Handtuch auf eine Liege gelegt hätte.

Das Amtsgericht befand, das Hotel hätte einschreiten müssen, weil die Gäste die Verhaltensregeln missachtet hätten. Insbesondere sei es dem Kläger nicht zumutbar, selbst für Abhilfe zu sorgen, indem er fremde Handtücher eigenmächtig entferne oder selbst gegen die Verhaltensregeln verstoße, weil Streitigkeiten unter den Hotelgästen zu befürchten seien[78].

§ 7
Beleidigungshumor

Polizeibeamter als »Clown«?

Menschlicher Ärger entsteht nicht nur bei dem vergeblichen Versuch, eine Poolliege zu ergattern, sondern auch anlässlich harmloser Gespräche, wenn der Gedankenaustausch ausartet. Als Antworten fallen dann gelegentlich stark frustgesteuerte Ausdrücke, die den Tatbestand einer strafrechtlichen Beleidigung erfüllen können. Für ein derartiges Verhalten gibt es zahlreiche Beispiele, die es rechtfertigen, den Beleidigungshumor als eigene Kategorie darzustellen. Die hier nachfolgend wiedergegebenen Äußerungen richten sich insbesondere gegen Polizeibeamte, die als »Clown«, »Oberförster«, »Wegelagerer«[79] oder als »Bullen« bezeichnet werden.

Im »Clown«-Fall benutzte der Angeklagte diesen Ausdruck anlässlich einer Fahrausweiskontrolle, die er als schikanös empfand. Hierzu stellte das Kammergericht Berlin fest, bei der Auslegung der festgestellten Äußerung komme es auf den objektiven Sinngehalt (Erklärungsinhalt) an, wie ihn ein unbefangener verständiger Dritte verstehe, während die persönlichen Empfindungen des Adressaten unerheblich seien. Danach sei ein »Clown«

»ein Spaßmacher, ein Hanswurst und dieser ein dummer, sich lächerlich machender Mensch (vgl. Brandenburg-Berlinisches Wörterbuch, 1976, Band 1 S. 890 und Band 2 S. 510). In diesem Wortsinn hat der Angeklagte mit seiner Äußerung kundgetan, dass er den uniformierten Geschädigten als einen kostümierten Spaßmacher ansehe und gleich einem Hanswurst der Lächerlichkeit preisgegeben.«

Deshalb handle es sich hier nicht um die Kundgabe eines Werturteils, sondern um eine den Achtungsanspruch des Beamten verletzende Äußerung in Form einer strafrechtlich relevanten Schmähkritik.[80]

Polizeibeamter als »Herr Oberförster«

Gilt diese juristische Einordnung auch für die Bemerkung gegenüber einem Polizeibeamten, dem der Betroffene während einer Verkehrskontrolle zugerufen hatte: »Herr Oberförster, zum Wald geht es da lang!«? Das Amtsgericht Berlin-Tiergarten befasste sich in seiner Entscheidung vor allem mit der Steigerung »Ober« und stellte eine gewisse sprachliche Nähe zwischen dem »Oberförster« und dem »Oberlehrer« her, der meist kritische und bissige, kaum aber beleidigende Charakterisierungen zugeschrieben bekomme. »Oberförster« wiederum sei eine Dienstbezeichnung, die einer Tätigkeit im gehobenen Dienst entspreche, und die nach erfolgreicher sechsjähriger Tätigkeit verliehen werden könne. Deshalb werde ein verständiger Dritter den Zusatz »Ober« ebenso wenig als beleidigend empfinden wie sich ein verständiger Revierförster durch die Bezeichnung als »Oberkommissar« in seinem Ehrgefühl gekränkt sehen würde.

Hinsichtlich der Gesamtäußerung »Herr Oberförster, zum Wald geht es da lang!« hat das Gereich ausgeführt:

»Sollte sich herausstellen, dass sich in unmittelbarer Nähe des Ortes der Handlung gar kein Wald befindet… so könnte das dazu führen, dass sich ein verständiger Dritter sich schwertun müsste, der Äußerung des Angeschuldigten überhaupt eine sinnvolle Bedeutung abzugewinnen, eine ehrenrührige strafbare Beleidigung ließe sich ihr gleichwohl auch dann nicht entnehmen.«[81]

»San däs d´Bullen«

Es ist umstritten, ob und wie umgangssprachlich geprägte Mundart den Tatbestand der Beleidigung gegenüber Polizeibeamten erfüllt. Vielleicht kann der folgende Fall für die nötige Klarheit sorgen. Zwei Beamte erschienen auf dem Anwesen der Angeklagten, um eine Mitteilung zu machen. Die schlaftrunkene Angeklagte öffnete die Tür und ihre Tochter fragte ihre Mutter »San däs d´ Bullen?« Die Mutter antwortete »Ja, däs san d´ Bullen!« Das Landgericht Regensburg stellte fest, dass die Äußerung »Bulle«, gerichtet an Polizeibeamte, keine Ehrverletzung im Sinne von § 185 StGB darstelle:

»Dieser Begriff ist insbesondere in der umgangssprachlich geprägten Mundart – allgemein bekannt – nicht als Gleichsetzung eines Polizeibeamten mit einem Tier, das reizbar und angriffslustig zu blinder und unüberlegter Gewalt neigt, gleichzusetzen. Es stellt lediglich ein umgangssprachliches Synonym für »Polizeibeamter« dar, ohne dass damit eine Herabsetzung des Polizeibeamten verbunden ist… Dieser Bedeutungswandel wird durch die allgemeine gesellschaftliche Akzeptanz des Ausdrucks »Bulle« gerade in verbreiteten und beliebten Fernsehsendungen wie »Der Bulle von Tölz« deutlich.«

»Hinzu kommt die konkrete Situation… Die Angeklagte wandte sich nicht unmittelbar an die Polizeibeamten, sondern beantwortete die – rhetorische – Frage der Tochter, ob es sich bei den anwesenden Beamten um »Bullen« handle… Die Angeklagte war schlaftrunken und nahm ohne jede Überlegung den von ihrer Tochter verwendeten Begriff »Bulle« auf. Dass hierdurch die vor ihr stehenden Polizeibeamten in ihrer Ehre verletzt würden, nahm die Angeklagte nicht einmal in Kauf, hiermit rechnete sie nicht.«[82]

Nordlicht als »Säckel«

Umgangssprachliche Formulierungen wirken sich auch auf das Nord-Süd-Sprachgefälle innerhalb der Bundesrepublik aus. So stellt sich das Problem, ob sich ein »Nordlicht« im Süden Deutschlands den Gebrauch des Wortes »Säckel« gefallen lassen muss. Das dazu angerufene Sozialgericht Reutlingen entschied die Streitfrage nach schwäbischer Façon wie folgt:

»Der Ausdruck »Säckel« ist im schwäbischen Sprachgebrauch allenfalls eine milde Form der Kritik an der Person oder am Verhalten einer Person. Er bringt als solcher zum Ausdruck, dass demjenigen, der den Ausdruck gebraucht, irgendetwas nicht passt. Dass der Verwaltungsleiter der Arbeitgeberin aus Norddeutschland stammt, rechtfertigt keine andere

Betrachtung. Norddeutsche, die die Mainlinie überschreiten, haben eine in Norddeutschland entwickelte Empfindlichkeit gegenüber Ausdrücken aus einer bilderreichen Sprache abzulegen und sich den Landesgepflogenheiten anzupassen.«[83]

»Altweibersommer« ist nicht beleidigend

Wie ist es aber mit einer Ehrverletzung, wenn der Deutsche Wetterdienst in seinen Vorhersagen Schönwetterperioden als »Altweibersommer« benennt? Die Klägerin wendet sich gegen eine Diskriminierung der Frau durch die sprachliche Wendung und begehrt, dass dieser Begriff künftig nicht mehr benutzt wird. So werde das Wort »Weib« schon seit alters her in abfälligem Sinne gebraucht und die Bezeichnung »altes Weib« bringe zum Ausdruck, dass die Betreffende keine richtige Frau mehr sei. Der Deutsche Wetterdienst wies unter Anderem daraufhin, der Begriff stehe in der meteorologischen Wissenschaft für einen Terminus zur Beschreibung einer trockenen und heiteren Wetterlage mit hohem Luftdruck, der sich von den Azoren bis Südrussland erstrecke. Die Bezeichnung sei positiv besetzt, weil allgemein damit etwas Angenehmes verbunden werde.

Die Klage wurde abgewiesen, weil die Klägerin nicht beleidigungsfähig sei. Zwar sei die Beleidigung einer Mehrheit einzelner Personen unter einer Kollektivbezeichnung möglich, das Merkmal »alte Frau« sei dafür ebenso wenig ausreichend wie etwa die Bezugnahme auf »Akademiker.«[84]

Der provinzielle Staatsanwalt

Volljuristen können nur zur Rechtsanwaltschaft zugelassen werden, wenn sie die für diesen Beruf erforderliche »Würde« besitzen (§ 7 Abs. 1 Nr. 5 Bundesrechtsanwaltsordnung). Diese Würde für den Anwaltsberuf sprach eine Rechtsanwaltskammer einer Beschwerdeführerin ab, weil sie einen Staatsanwalt im Rahmen ihrer Referendarstation angeblich mit folgender Äußerung beleidigte:

»Sie sind ein provinzieller Staatsanwalt, der nie aus dem Kaff gekommen ist, in dem er versauert... Mit Ihrem Leben und Ihrer Person sind sie so unzufrieden wie das Loch vom Plumpsklo. Als sie mich vor sich hatten, sind Sie fast vor Neid erblasst. Ich konnte Ihren Hass geradezu sinnlich wahrnehmen... Also taten Sie das Einzige, wozu Ihnen Ihre begrenzte Position die Möglichkeit bietet: Sie stellten mir ein wirres Zeugnis aus... Nun, ich beglückwünsche Sie zu diesem strahlenden Sieg... Kosten sie ihn bloß richtig aus – denn während es für mich nur ein unerhebliches Ärgernis ist, ist es für SIE der Höhepunkt Ihres Lebens.«

Im Verlaufe des eingeleiteten Ermittlungsverfahrens wandte sich die Beschwerdeführerin an die zuständige Oberstaatsanwältin und führte per E-Mail unter Anderem aus:

»Ich bestaune die Praxis der Staatsanwaltschaft A, Rechtsbrüche zu verfolgen, ohne sich selber an das Recht zu halten. Sollte das eine Frage der inneren Einstellung sein, gehören Sie nicht in den Justizdienst und sollte das intellektuell bedingt sein, so besuchen Sie doch noch einmal eine Grundstudiumsvorlesung.«

Die Rechtsanwaltskammer ließ die Beschwerdeführerin wissen, dass ihre Taten befürchten ließen, dass sie ihre berufliche Stellung als Rechtsanwältin nicht, wie das geboten sei, ordnungsgemäß und pflichtbewusst ausüben werde. Nach mehreren erfolglosen Gerichtsverfahren hatte die Verfassungsbeschwerde der Juristin Erfolg. Das Bundesverfassungsgericht vermisste eine prognostisch erforderliche nähere Auseinandersetzung darüber, dass und warum davon auszugehen sei, dass die Beschwerdeführerin im Falle ihrer Zulassung als Rechtsanwältin in einer Art und Weise auftreten werde, die das Vertrauen in die Integrität der Rechtsanwaltschaft insbesondere im Interesse einer funktionierenden Rechtspflege beeinträchtigen könnte.[85]

§ 8
Marken- und Namensrechtshumor

»Lusthansa« ist keine sexuelle Verunglimpfung

Integrität ist nicht nur eine elementare Voraussetzung für die Ausübung von Rechtsberufen. Verstanden als Unversehrtheit und Makellosigkeit[86] spielt sie in der Unternehmenswelt eine bedeutende Rolle bei der Untersagung unberechtigter Nutzungen und Verunglimpfungen geschützter Marken und Warenzeichen.

Ein Hersteller von Scherzartikeln hatte seinen Firmenwagen mit einem in den Lufthansa-Firmenfarben Orange und Blau gehaltenen Aufkleber versehen. Er zeigte zwei stilisierte Kraniche übereinander mit der Bezeichnung »Lusthansa«. Das Landgericht Wiesbaden hat seinen Antrag, die beklagte Lufthansa sei nicht berechtigt, ihm die Benutzung des Aufklebers zu verbieten, u. a. mit folgender Begründung stattgegeben:

»Auch die Gefährdung des guten Rufs der Beklagten kann nicht bejaht werden. Hierzu müsste der unbefangene Durchschnittsbetrachter – auf wen sonst soll abgestellt werden – durch den Aufkleber sich veranlasst sehen, die Beklagte mit sexuellen Beziehungen in Verbindung zu bringen, beziehungsweise ihr Unternehmen mit einem »Bordellbetrieb«

gleichzusetzen. Dies kann nicht angenommen werden. Die Verwendung des Wortes »Lust« in dem fraglichen Aufkleber allein bewirkt dies nicht. »Lust« ist für den verständigen Betrachter gerade nicht nur eine sexuelle Empfindung. Schließlich bezeichnen »Lustgärten« keine Kopulationsstätten und »lustwandeln« keine sexuellen Annäherungsversuche. Vielmehr stammt zum Beispiel das Wort »lustwandeln« aus der Feder des *Philipp von Zesen*, der in Deutschtümelei im Jahre 1645 »spazierengehen« in »lustwandeln« übersetzte; so hat sich das Wort »lustwandeln« bis heute erhalten.

Die Assoziation zu einem »Lust« im Sinne von »Bordell-Betrieb« könnte den verständigen Rechtsgenossen mithin allenfalls durch die gleichzeitige Abbildung zweier übereinander fliegender Kraniche kommen. Dies erscheint ausgeschlossen. Die dargestellte Verbindung des Wortes »Lust« und eines im Flug befindlichen Vogelpaares ist für den unbefangenen wertenden Bürger kein Hinweis auf libidinöse Zusammenhänge. Zum Beispiel lässt *Goethe* den Plylades zu Orest im zweiten Aufzug (erster Auftritt) seiner Iphigenie sagen: »… Und Lust und Liebe sind die Fittiche zu großen Taten«.

Die Kammer kann weiter als allgemein bekannt voraussetzen, dass Geschlechtsverkehr zwischen fliegenden Vögeln der abgebildeten Art weder je beobachtet noch »technisch« – schon wegen des Gewichts – möglich ist. Eine Anspielung auf sexuelle Handlungen und die daraus resultierende Gleichsetzung der Beklagten mit einem Bordellbetrieb ist von daher weder eindeutig noch augenscheinlich oder auch nur naheliegend.

Es mag Betrachter geben, die den genannten Zusammenhang dennoch herstellen. Im Zweifel wird diesen aber bewusst sein, dass sie das nicht der Darstellung auf dem Aufkleber, sondern ihrer eigenen (sexuellen) Fantasie zuzuschreiben haben (denn: »Den Reinen ist alles rein«, *Paulus*, Brief an *Titus*, 1, 15). Bewusst gewordene Assoziationen können aber nicht den Ruf desjenigen schädigen, auf den sie sich beziehen, sondern allenfalls auf den Fantasierenden selbst zurückfallen. Der Schutz dieser »Selbstblamierten« kann der Beklagte aus keinem rechtlichen Gründen obliegen.«[87]

BMW darf auch für die Aussage »Bumms mal wieder« stehen

Es war vorauszusehen, dass der Lusthansa-Fall keine Ausnahme blieb und er Nachahmer herausforderte. Ebenso wenig Glück vor Gericht wie die Lufthansa hatte die Firma BMW wegen der Verballhornung ihres Firmennamens. Das belegt der folgende Leitsatz eines Oberlandesgerichts-Urteils:

»Wird das berühmte Firmenzeichen »BMW« für Aufkleber in Autoscheiben, Türen, Koffern usw. in der Weise verfremdet, dass die Unterschrift des kreisförmigen Wort-Bildzeichens durch die Worte »Bumms Mal Wieder« ergänzt wird, so liegt darin keine Firmen-, Namens-, Warenzeichen- oder Ausstattungsschutzverletzung[88].«

Der Bundesgerichtshof ließ die Automobilfirma u. a. mit folgenden Argumenten abblitzen:

»Der Aufkleber stellt mit seinem Zusatz »Bumms mal wieder« den sozialen Geltungsanspruch der Klägerin und insbesondere ihr Ansehen als Wirtschaftsunternehmen nicht in Frage. Er weist in seiner Gesamtheit weder eine Aussage zur Qualität ihrer Produkte noch zu ihrem Auftreten im Wirtschaftsleben auf… Die Einfügung des Zusatzes »Bumms mal wieder« ist beziehungslos… Aus diesem Grunde liegt für sie (die Klägerin-Anmerkung des Verfassers) die Toleranzgrenze für vermeintliche oder echte Scherze, die sie betreffen, deutlich höher als bei einer natürlichen Person.«[89]

»Schlüpferstürmer« und »Kröver Nacktarsch«

Um die Aufrechterhaltung der Sittlichkeit ging es ferner in einem Warenzeichenstreit, über den das Deutsche Patentamt judizieren musste. Im Mittelpunkt des Beschlusses stand die Frage, ob das Wort »Schlüpferstürmer« in die Warenzeichenrolle eingetragen werden darf. Das Deutsche Patentamt hat diesen Antrag mit folgender Begründung abgelehnt:

»Das für die Waren »alkoholische Getränke«, ausgenommen Bier, angemeldete Zeichen »Schlüpferstürmer« ist von der Eintragung in die Zeichenrolle ausgeschlossen, denn es ist eine Ärgernis erregende Darstellung im Sinne des § 4 Abs. 2 Nr. 4 Warenzeichengesetz.«

»Alkoholgenuss deutet in der Regel nicht auf einen lockeren Lebenswandel und entsprechende Moralvorstellungen hin. Auch strenggläubige Christen, unter ihnen etwa Erzieher, Angehörige geistlicher Berufe, empfinden es in keiner Weise als verwerflich, unsittlich oder sündig, mit alkoholischen Getränken ihrer Lebensfreude Ausdruck zu verleihen, Geselligkeit zu fördern oder einen festlichen Anlass zu begehen, auch wenn sie wissen und bemerken, dass die Steigerung der Fröhlichkeit ein Anzeichen für den Abbau von Hemmungen ist.«

»Bekannt ist gleichermaßen, dass eine auf Alkoholgenuss beruhende Enthemmung auch ausgenutzt werden kann, um sexuelle Hemmschwellen zu überschreiten. Diese Ausnutzung solcher Gelegenheiten erfolgt – aus anatomischen Gründen – regelmäßig durch Männer gegenüber weiblichen Wesen. Das Verhalten eines solchen Mannes der durch die »Eroberung« eines (nahezu) willenlosen Opfers zum Ziel kommt, wird als sittlich verwerflich betrachtet, auch wenn sich solche Typen dieser Tat berühmen möchten und sie unter ihresgleichen als Schlüpferstürmer gefeiert werden. Unter dieser Bezeichnung versteht jeder, von der Nonne bis zur Prostituierten, vom Seminaristen bis zum Bordellbesitzer, dass der Körper einer Frau im »Sturm« erobert wurde. Diese Ausdrucksweise wird, da sie auf den feigen Missbrauch der alkoholbedingten Einschränkung der sexuellen Entschluss-Freiheit der Frau unmittelbar anspielt, gleichfalls als anstößig empfunden; sie geht über eine komisch deftige Beziehung weit hinaus.«

»Eine Marke »Schlüpferstürmer« für alkoholische Getränke gibt zu erkennen, dass diese geeignet seien, einem stürmischen Verführer ein Mittel zu sein, eine Frau, die bei ungetrübter Verstandestätigkeit keine Annäherung zuließe, in ein willenloses Opfer zur Erfüllung seiner sexuellen Wünsche zu verwandeln. Diese Aussage des Zeichens verletzt daher das Schamgefühl eines beachtlichen Teils des angesprochenen

Verkehrs in hohem Maße... Die von der Anmelderin genannten berühmten Weinnamen »Kröver Nacktarsch« oder »Liebfrauenmilch« führen zu keiner anderen Beurteilung, denn diese Begriffe haben sich derart eingebürgert, dass an ihnen niemand mehr Anstoß nimmt.«[90]

§ 9
Dienstrechtshumor

Ohrschmuck und »Lagerfeld-Zopf« im Dienst

Während es in dem vorigen Kapitel um die Integrität bei Marken und Namensangelegenheiten ging, steht bei Dienstherrn der öffentlichen Hand die Integrität der Beschäftigten im Vordergrund, die das Vertrauen der Bevölkerung genießen sollen. In diesem Zusammenhang muss sich die Rechtsprechung öfters mit der Haar- und Barttracht sowie dem Tragen von Ohrschmuck bei Beamten und Soldaten auseinandersetzen. Um diese Sachverhalte beurteilen zu können, bedarf es naturgemäß zunächst empirischer Feststellungen, die der Verwaltungsgerichtshof Mannheim offensichtlich aus eigener Anschauung mit folgenden Feststellungen gewonnen hat:

»Ein kleiner Ohrschmuck an Männern ist nicht mehr unüblich. Es handelt sich um eine gewisse Modeerscheinung, die in der Öffentlichkeit nicht auf Ablehnung stößt. Die Mehrheit der Männer oder auch nur eine beträchtliche Minderheit bedient sich freilich keines Ohrschmucks; die Mehrheit der Bevölkerung pflegt sich vielfach nicht an der jeweiligen Mode zu beteiligen. Bei unvoreingenommener Beurteilung kann man nicht sagen, ein Ohrschmuck an Männern würde von vornherein als unschicklich, lächerlich oder gar würdelos angesehen, auch wenn er nicht besonders auffällt und nicht überzogen wirkt. Es sind keine Gesichtspunkte zu erkennen, die diese Einschätzung wesentlich ändern, wenn der Ohrschmuck zur Dienstkleidung des Zollbeamten getragen wird. Erblickt man im Zollbeamten auch den Mitbürger, so setzt es die Achtung und das Vertrauen der Öffentlichkeit in seine Person nicht herab, wenn er die fragliche Mode in angemessener Weise mitmacht… Indessen kann Ohrschmuck an männlichen Dienstkleidungsträgern des Zolldienstes im Einzelfall zur Ansehensminderung geeignet sein. Das hängt von der Art, Größe und weiteren Ausgestaltung eines solchen Beiwerkes ab, wobei insbesondere auch an Ohrringe, Hänger und dergleichen zu denken ist.«[91]

Kein Raum für den militärischen Seesack

Um eine andere Art von »Beiwerk« handelt es sich bei Ausrüstungsgegenständen ehemaliger Soldaten. Sie können für die Dauer der sog. Wehrüberwachung verpflichtet sein, ihre Utensilien in einem Seesack zuhause aufzubewahren. Davon wollte der Kläger befreit werden. Da die Wehrbereichsverwaltung sein Ansinnen ablehnte, kam es zu einem Rechtsstreit, dem die folgenden Schriftsatz- und Urteilspassagen entnommen sind:

»Zum Umfang des Streitobjekts teilt die Beklagte mit, das Behältnis wiege 16 Kg, sei 45 cm breit und 60 cm hoch, der Name des Behältnisses sei Seesack. Es handle sich hierbei um ein besonders platzsparendes Behältnis. Seine Form sei nämlich rund, weshalb im Vergleich zu einem quaderförmigen

Verhältnis an den Ecken viel Platz gespart werde. Aufgrund der Größe und des Gewichts des Seesacks sei eine Unterbringung desselben nicht nur in der kleinsten Hütte möglich, sondern auch in der Wohnung des Klägers. Dies könne gegebenenfalls anlässlich eines Ortstermins festgestellt beziehungsweise nachgewiesen werden.«

Dieser Schriftsatz hat den Kläger zu folgender Replik veranlasst:

»Wie die Beklagte mitteilt, wiegt das zu verwahrende Behältnis 16 Kg. Es weist damit das stolze Gewicht eines Bierkastens auf. So wie man einen Bierkasten ungern im Wohnzimmer oder Schlafzimmer herumstehen hat, ist auch die Aufbewahrung des militärischen Seesacks unzumutbar. Mit einer Höhe von 60 cm erreicht der Sack annähernd die Höhe des Richtertischs; die Breite von 45 cm gibt dem Seesack ein massives und kompaktes Aussehen. Als olivgrüner Staubfänger steht er ständig im Wege, wirkt äußerst störend und ist der Behaglichkeit abträglich. Eine Unterbringung im Schrank scheitert an den Ausmaßen. Für einen Schrank mit Regalbrettern ist der von der Beklagten als besonders platzsparendes Verhältnis gepriesene Seesack zu groß; bei einer Aufbewahrung im Kleiderschrank behindert es die auf Bügeln hängenden Kleidungsstücke. Es bleibt danach bei der von uns bereits in den bisherigen Schriftsätzen vorgenommenen Bewertung. Wenn auch, wie die Beklagte vorträgt Raum »in der kleinsten Hütte« sei, so gilt dies nach *Schiller* nur »für ein glücklich liebend Paar« (*Schiller*, Der Jüngling am Bache, 1803), keineswegs jedoch für einen Seesack. Letzteren erkennt man vorliegend eher »gekeilt in drangvoll fürchterlicher Enge« (*Schiller*,

Wallensteins Tod, 1799), was – wie sich zwanglos ergibt – auch noch 200 Jahre nach *Schiller* unzumutbar erscheint, weshalb der Klage stattzugeben ist.«

Der zuständige Richter hatte großes Verständnis für den Kläger, da er auf folgende selbst gewonnene familiäre Erfahrungen mit der Aufbewahrung von Gegenständen zurückgreifen konnte:

»Immerhin hatte der entscheidende Richter vor nicht allzu langer Zeit Gelegenheit, sich bei dem von ihm organisierten Umzug seiner Tochter in eine zirka 50 qm große und von ihr allein bewohnte Wohnung davon zu überzeugen, was in eine solche Wohnung hineingeht. Er vertritt aufgrund dieses Erfahrungswissens unter Berücksichtigung des Umstandes, dass hier der Kläger seine Wohnung zusammen mit seiner Ehefrau bewohnt, die Auffassung, dass der Seesack in der Wohnung des Klägers unter für diesen zumutbaren Bedingungen keinen Platz finden würde…«

»In diesem Sinne erscheint hier also auch ohne die Einnahme eines Augenscheins die Aufbewahrung des Seesacks für den Kläger doch wohl unzumutbar. In der ehelichen Wohnung ist hierfür ersichtlich kein Platz… Einen Dachboden hat der Kläger nicht. Der Keller ist nicht trocken. Nach dem Ergebnis seiner Darlegungen lebt der Kläger ja mit seiner Frau bei einer Tiefkühltruhe im feuchten Keller insoweit ohnehin recht unkomfortabel, wenn nicht sogar gefährlich, wobei man noch nicht einmal die nach Zeitungsberichten (80 % des Supermarktfleisches beanstandet – Verbraucherzentrale: Ein knappes Viertel von 244 Proben faul, ekelerregend und bakteriell infiziert –) aufgenommene Diskussion über den gekauften Inhalt solcher Truhen berücksichtigt hat. Im Keller erscheint deshalb die Unterbringung aus der Sicht der Bundeswehr nicht zumutbar. Da würde wohl nicht einmal ein vierteljährliches Lüften die Armeebestände vor dem Verderb bewahren können.«

»In voller Kenntnis... muss... ergänzend berücksichtigt werden, dass sich heute, wenn von Unterbringung von Sachen die Rede ist, zusätzlich für Küche und Keller überdies die Gemeinschaft aller ehrenamtlichen und informellen Mitarbeiter des dualen Systems die inzwischen lebenswichtige Frage stellt, wo der oder die gelben Säcke oder gar weitere Unterabteilungen der Hausmüllvorsortierung Platz finden sollen. Schon aus diesem Grunde kommt für den Kläger, wenn er die Sammelpflicht ernst nimmt, eine Aufbewahrungspflicht aus räumlichen Gründen in Küche und Keller nicht in Betracht.«

»Zu den Wohnräumen: Anscheinend muss der Kläger sein Studium schon bescheiden genug im Flur abwickeln, wo sein Schreibtisch steht und seine Studienmaterialien untergebracht sind. Schlängelt man sich von dort ins Wohnzimmer, dann ist wohl auch in dem vollständig eingerichteten Wohnzimmer... sicher für seinen Seesack kein Platz. Es ist davon auszugehen, dass dort neben den modernen Errungenschaften von Audio-, Video-, Medio-Gerätschaften... vielleicht auch Bücher, Bilder, Reiseandenken usw. zusätzlich der Wohnschrank, die Couch, der Esstisch und Stühle und weitere Dinge Platz brauchen... Da bleibt demnach auch kein Raum für den »Seesack«, den die Eheleute sicherlich nicht an die Decke wie einen »Punchingball« hängen oder wechselseitig neben sich legen oder rollen wollen. Nach den Darlegungen des Klägers wäre im

Übrigen im Schlafzimmer… allenfalls noch Platz für den Seesack als zeitweilige »Kopfstütze«, die aber am Ende den Schlaf bei beendeter Lektüre wohl doch beeinträchtigen könnte.«[92]

Ein Mehrbettzimmer für zwei Lehrer?

Unterbringungsprobleme gibt es nicht nur bei Gegenständen. Sie betreffen auch Bedienstete, die sich etwa in den beengten Räumlichkeiten von Schullandheimen arrangieren müssen. In dem hier zu erörternden Fall ging es darum, ob eine verheiratete Lehrerin und ein lediger Lehrer einem Mehrbettzimmer mit Doppelstockbetten gemeinsam übernachten dürfen. Oder ist dieses Verhalten disziplinarrechtlich relevant? Jedenfalls verhängte die zuständige Schulbehörde gegen die beamtete Lehrerin eine Geldbuße wegen eines Dienstvergehens während eines Schullandheim-Aufenthaltes, obwohl die bekannte räumliche Situation nicht beanstandet wurde. Das Verwaltungsgericht hielt die Disziplinarverfügung mit folgender Begründung aufrecht:

»Der einem Lehrer erteilte Erziehungsauftrag umfasst auch die Verpflichtung, die anvertrauten Jugendlichen im Sinne der verfassungsmäßigen Werteordnung zu erziehen. Durch ihr gemeinsames Übernachten mit einem Lehrer während einer dienstlichen Veranstaltung hat die Beamtin aber bei Schülern und Eltern zumindest den Verdacht erweckt, dass sie sich über die mit der Institution der Ehe verbundenen Wertvorstellungen hinwegsetzt oder ihnen jedenfalls keine große Bedeutung beimisst. Damit hat die Beamtin ihre Glaubwürdigkeit als Erzieherin in Gefahr gebracht und ihre Autorität als Lehrerin beeinträchtigt.«

»Eine auf andere Weise nicht abwendbaren Notlage, die das Verhalten der Beamtin allenfalls entschuldigen könnte, bestand hier nicht. Da die Beamtin bereits vor der Abreise über die örtliche Situation unterrichtet war, kann von einer überraschenden Konfrontierung mit einer unerwarteten Problematik beziehungsweise von einer auf andere Weise nicht zu bewältigenden Zwangslage keine Rede sein.«

Diese Rechtsansicht wies der Verwaltungsgerichtshof Mannheim mit folgenden Erwägungen zurück:

»Indes unterliegt es berechtigten Zweifeln, ob heute noch eine pauschale Vermutung ehewidrigen Verhaltens bei Übernachtung nicht miteinander verheirateter Erwachsener und eine darauf basierende Vermutung entsprechender Irritationen von Schülern und Eltern in jedem Fall ohne Heranziehung des Einzelfalls gerechtfertigt sind... Ein gleichwohl noch zu bejahende objektiver Pflichtverstoß entbehrt jedenfalls dann der disziplinarrechtlichen Erheblichkeit, wenn die den Schülern, Eltern oder der Schulleitung zuvor unbeanstandet unterbreitete Lösung der Unterbringungsfrage aus Sachgründen erklärbar ist, keine Anhaltspunkte für ein konkretes ehewidriges Fehlverhalten während des Schullandheimaufenthaltes vorliegt, negative Äußerungen von Schülern und Eltern ausbleiben und die betreffenden Beamten nur ein geringes Verschulden trifft.«

Ergänzend führte das Gericht aus:

»Das von ihnen gemeinsam benutzte Zimmer war nach ihrer umstrittenen Einlassung als Mehrbettzimmer immer mit

4 Stockbetten ausgestattet und verfügte über einen Vorraum mit fest installierten Sitzgelegenheiten zu Besprechungszwecken. Es bestand somit zum einen die Möglichkeit, wie von den Beamten vorgetragen, das An- und Auskleiden diskret zu vollziehen und auch nach dem jeweiligen Schlafplatz in den jeweils am weitesten voneinander entfernt stehenden Stockbetten zu wählen.«[93]

»Vollreinigung« eines Beamten

Die aus der Fürsorgepflicht resultierende Sorge um das Wohl der Beschäftigten genießt bei Dienstherren auch aus anderen Gründen nicht immer höchste Priorität. Man denke nur an den Rangierlokführer, der sich unmittelbar nach seinem Dienst in einem Sozialraum des Dienstherrn einer »Vollreinigung« unterzog. Da er sich während des Duschens verletzte, beantragte der die Anerkennung des Unfalls als Dienstunfall.

Der Dienstherr verneinte die Dienstbezogenheit des unfallauslösenden Duschvorgangs mit der Begründung, das Duschen erhalte weder durch eine allgemeine Duschregelung noch im Hinblick auf eine dienstbedingte Verschmutzung des Klägers dienstlichen Charakter. Deshalb mussten die Richter darüber befinden, ob der Unfall im Rahmen einer »dienstbedingten Vollreinigung« geschah. Hier die entscheidenden Passagen aus dem Urteil:

»Der Senat geht dabei von der Erwägung aus, dass die materielle Dienstbezogenheit einer solchen Reinigungsmaßnahme weder allein von dem subjektiven Reinigungsbedürfnis des Beamten noch von den ebenso subjektiven Vorstellungen seines Dienstvorgesetzten über die Erforderlichkeit etwa einer »Vollreinigung« abhängen kann. Er ist vielmehr der Auffassung, dass darauf abzustellen ist, welche Reinigungsmaßnahme angesichts des bei der jeweiligen Tätigkeit regelmäßig zu erwartenden Grades der Verschmutzung bei verständiger Würdigung eines individuell unterschiedlichen Reinigungsbedürfnisses angemessen erscheint. Auf der anderen Seite kann es nicht Aufgabe des Dienstherrn sein, das Reinigungsbedürfnis seiner Beamten zu normieren oder gar durch Kontrollen seitens der Vorgesetzten zu regeln. Der Beamte ist… kein »Dienstausübungsautomat«, dem je nach dem Gutdünken seiner Vorgesetzten eine Vollreinigung oder aber lediglich das Waschen der Hände nach Dienstende zugestanden wird. So wie der Dienstherr berücksichtigen muss, dass der Beamte auch im Dienst ein Mensch mit seinen persönlichen Bedürfnissen, Gedanken und Empfindungen bleibt, muss er auch respektieren, dass jeder Beamte unterschiedliche Vorstellungen und Bedürfnisse hinsichtlich der Reinlichkeit seines Körpers entwickelt hat. Gemessen an diesen Grundsätzen kann dem Kläger die begehrte Anerkennung seines Unfalls als Dienstunfall nicht verweigert werden. Der Senat ist mit ihm der Auffassung, dass eine sechsstündige Tätigkeit als Lokomotivführer im Rangierdienst – jedenfalls auf der von ihm benutzten Diesellok V 60 – geeignet ist, Verschmutzungen des Gesichts und insbesondere der Haare herbeizuführen, die das Duschen als geeignete und angemessene Reinigungsart erscheinen lassen. Der Senat ist ferner der Auffassung, dass eine sogenannte »Vollreinigung« durch Duschen nicht erst dann angemessen im Sinne der obigen Ausführungen ist, wenn der gesamte Körper verschmutzt ist. Es genügt bereits, wenn das Duschen – sowohl vom zeitlichen Aufwand als auch von der Praktikabilität her betrachtet – zumindest mit dem Waschvorgang am Waschbecken vergleichbar ist.«[94]

Losentscheid durch Münzwurf mit Umdrehungen

Der Dienstherr hat nicht nur menschliche Bedürfnisse von Beamten zu respektieren. Er hat auch hinzunehmen, dass die Bediensteten ihre Interessen über Personalvertretungen wahrnehmen, die bei zahlreichen Verfahren mitwirken können. Die Legitimation dieses Gremiums erfolgt durch Personalratswahlen. Bei einem Wahlvorgang erhielten der Bewerber der Liste 1 sowie die Bewerberin der Liste 2 je 11 Stimmen. Daraufhin erfolgte ein Losentscheid durch Münzwurf. Der Verwaltungsgerichtshof München musste klären, ob diese Entscheidung, die auf der Basis einer im bayerischen Personalvertretungsgesetz verankerten Losklausel durchgeführt wurde, rechtmäßig war. Danach muss bei Anwendung dieser Klausel sichergestellt sein, dass sämtliche Bewerber gleiche Chancen haben. Diese Bedingung ist nach Meinung des Gerichts wegen der Manipulationsgefahr nicht erfüllt, falls die Entscheidung auf Streichholzziehen beruht. Beim Werfen einer Münze sei die Losentscheidung geeignet, wenn das Münzstück hoch genug geworfen und in mehrfache Umdrehungen versetzt worden sei. Dazu hält der Beschluss fest:

»Wie der Vorsitzende des Beteiligten zu 1 in der mündlichen Anhörung berichtet hat, hat seinerzeit der Vorsitzende des Wahlvorstandes ein DM-Stück auf Kopfhöhe hochgeworfen, sodass es nach mehrmaligem Umschlag auf einer Resopaltischplatte liegen blieb. Bei dieser Sachlage konnte es nur von einem unwägbaren Zufall abhängen, auf welcher Seite das Münzstück auftraf; davon ist bei der hier anzunehmenden Fall-Höhe von ca. 70 cm schon wegen der harten Unterlage auszugehen, die ein unkontrolliertes Drehen oder Umschlagen der Münze bedingte.

Gegen die Eignung des Münzwurfes als Losentscheid lässt sich nicht grundsätzlich einwenden, dass diese Art der »Zufallsbefragung« nur bei einer im Einzelfall ordnungsgemäßen Handhabung funktioniert, die z. B. versagt, wenn das Geldstück nur etwa 5 cm hochgeworfen wird oder auf einer (zu) weichen Unterlage auffällt. Nach Auffassung des Senats ist für die Frage der generellen Eignung des Münzwurfs als Mittel des Losentscheids zu berücksichtigen, dass sich bei dessen Durchführung die beteiligten Gruppen mit ihren »natürlichen Interessengegensätzen« im Sinne einer Art Parteiöffentlichkeit gegenüberstehen.«[95]

§ 10
Arbeitsrechtshumor

Ein verbaler Tritt in den Hintern ist erlaubt

Während das Dienstrecht nur für Beschäftigte des Öffentlichen Dienstes in Bund, Ländern, Gemeinden und anderen Selbstverwaltungsträgern gilt, erfasst das Arbeitsrecht die Arbeitnehmerinnen und Arbeitnehmer vornehmlich in der Privatwirtschaft. Aufgabe des Arbeitsrechts ist es, die unterschiedlichen Interessen und Belange abzuwägen, auszugleichen und die Grenzen arbeitsrechtlicher Maßnahmen festzulegen. Dabei haben Arbeitgeber und Vorgesetzte auch »körperliche« Grenzen einzuhalten. Diese Verpflichtung hat das Landesarbeitsgericht Düsseldorf in dem folgenden Leitsatz unmissverständlich mit folgender Formulierung klargestellt:

»Der Tritt ins Gesäß einer unterstellten Mitarbeiterin gehört auch dann nicht zur betrieblichen Tätigkeit eines Vorgesetzten, wenn er mit der Absicht der Leistungsförderung oder Disziplinierung geschieht.«

Mit dieser Aussage gab das Gericht der Schmerzensgeldklage einer Verpackerin statt, die von ihrer Chefin mit einem Sicherheitsschuh getreten worden war. Die Folgen: ein Steißbeinbruch und eine sechswöchige Arbeitsunfähigkeit. Das Gericht entschied diese Behandlung sei nicht als »betriebliche

Tätigkeit« im Sinne des § 105 Sozialgesetzbuch VII anzusehen, der einen Geldanspruch hätte ausschließen können.

»Zwar mag gelegentlich im Arbeitsleben die Äußerung, dass »man den NN mal in den Hintern treten müsste«, zum saloppen Umgangston gehören. Der Sprecher will durch die plastische Ausdrucksweise seine Meinung kundtun, dass die durch einen solchen Tritt geförderte Vorwärtsbewegung des/der Betroffenen auch arbeitsleistungsmäßig wünschenswert wäre. Gleichwohl zweifelt niemand daran, dass nach geltendem Arbeitsrecht weder ein Vorgesetzter noch eine Vorgesetzte berechtigt sind, durch Handgreiflichkeiten oder den ominösen Tritt einen untergebenen Mitarbeiter zu disziplinieren.«[96]

Dürfen verliebte Unternehmer Sekretärinnen belästigen?

Um eine andere Art von »Handgreiflichkeit« ging es bei einem italienischen Unternehmer. Er war zwar seiner Sekretärin auf unsittliche Weise nähergekommen, wurde jedoch gleichwohl von dem Vorwurf der sexuellen Belästigung freigesprochen.

»In ihrer Klage hatte die Angestellte dem Unternehmer vorgeworfen, er hätte sie während einer Dauer von mehreren Monaten wiederholt unsittlich berührt, sie gegen ihren Willen geküsst sowie verbal unter Druck gesetzt. Dies allein rechtfertige indes nach Auffassung des Amtsgerichts in Como noch nicht die Annahme einer sexuellen Belästigung. Eine dahingehende Würdigung scheitere an der dem Verhalten zugrunde liegenden Motivation des Unternehmers, der vorgebracht hatte, sich in seine Sekretärin verliebt zu haben. Nach Auffassung des Gerichts gehöre diese Art von Zudringlichkeiten zum normalen Annäherungsverhalten an das »Objekt der Liebe«, so dass eine sexuelle Belästigung nicht angenommen werden könne.«[97]

Es ist allerdings höchst zweifelhaft, ob diese Entscheidung auch von deutschen Gerichten so gefällt würde. Deshalb wird bis zum Beweis des Gegenteils vorsichtshalber empfohlen, diese Praxis nicht nachzuahmen.

Das »geknickte« Zeugnis

Keinen Spaß im Arbeitsleben verstehen Beschäftigte, wenn es um Inhalt und Form von Zeugnissen geht, wie der exemplarische Fall des Bundesarbeitsgerichts zeigt. Das im Streit befindliche Zeugnis wurde in den Briefkasten eingeworfen. Es befand sich in einem Briefumschlag DIN lang (ein Drittel DIN A 4) und war deshalb zweimal gefaltet. Der Beklagte macht geltend, das Zeugnis sei nicht ordnungsgemäß erteilt, weil es zwei Falzungen aufweise. Aus den Falzungen werde deutlich, dass das Zeugnis nicht persönlich ausgehändigt, sondern zugesandt worden sei. Das lasse auf Unstimmigkeiten mit dem früheren Arbeitgeber schließen. Ferner stelle die Falzung ein unzulässiges Geheimzeichen dar.

Hierzu stellte der Senat fest, die Übersendung von Arbeitszeugnissen sei nicht ungebräuchlich. Ferner könne keine Übung festgestellt werden, dass Arbeitszeugnisse üblicherweise ungefaltet, nämlich in einer Versandtasche DIN A 4 mit gesteiftem Rücken versandt würden. Wörtlich führte das Gericht aus:

»Die Erwägungen des Beklagten, es sei ihm nicht zuzumuten, sich mit einem »geknickten« Zeugnis zu bewerben, da seine Bewerbungschancen hierdurch beeinträchtigt würden, verhilft der Revision nicht zum Erfolg… Zwar wird im Schrifttum vertreten, das Falten eines Zeugnisses sei nicht nur eine grobe Ungehörigkeit, sondern der Arbeitgeber verletze seine Fürsorgepflicht. Der Arbeitnehmer, der mit einem »geknickten« Zeugnis auf Stellensuche gehen müsse, vermittle den Eindruck beachtlicher Sorglosigkeit beim Umgang mit derart wichtigen Dokumenten. Das überzeugt jedoch nicht… Diesen Eindruck kann der Arbeitnehmer selbst vermeiden, indem er die entfaltete Urkunde in einer Dokumentenhülle verwahrt und das Zeugnis auf diese Weise bei Bewerbungsgesprächen präsentiert.«[98]

Das »integre« Zeugnis

Von dem geknickten ist das integre Zeugnis zu unterscheiden. Die Integrität von Personen spielt im Compliance-Zeitalter auch in der Arbeitswelt eine herausragende Rolle. Danach spricht vieles dafür, dass es auch bei der Zeugniserteilung auf jeden Buchstaben anzukommen scheint, wie die Klägerin C meint. Sie erhielt von der Beklagten ein Zeugnis, in dem unter anderem folgende Formulierung verwendet wurde:

»Aufgrund ihrer Persönlichkeit, ihres gradlinigen verbindlichen Wesens sowie ihres loyalen integeren Verhaltens wurde Frau C. ...«

C war mit dem Wort »integeren« nicht einverstanden und machte geltend, es müsse stattdessen »integren« heißen. Sie habe einen Anspruch darauf, ein Zeugnis zu erhalten, das nicht mit derart störenden Schreibfehlern behaftet sei. Das Wort integer sei aus der lateinischen Sprache entlehnt und werde im deutschen Sprachgebrauch den lateinischen Formen entsprechend dekliniert. Demgegenüber führte die Beklagte aus, der Fall missbrauche die kostbare Arbeitszeit des Gerichts und sei kleinkariert. Dieser Annahme trat das Arbeitsgericht mit der Begründung entgegen, es dürfe grundsätzlich nicht die Entscheidung mit der Begründung verweigern, ein Klagebegehren sei abwegig, unsinnig oder unverständlich. Nur in seltenen Ausnahmefällen – etwa, wenn das Gericht der Lächerlichkeit preisgegeben werden soll (z. B. Antrag auf Verweisung an das »Jüngste Gericht«) – dürfe eine Sachprüfung abgelehnt werden.

»Allerdings scheint es der Kammer zweifelhaft, ob das von der Beklagten angeregte demoskopische Gutachten ein geeignetes Mittel darstellt, um die zutreffende Rechtschreibung herauszufinden... Selbst wenn man, wie es der Beklagten offensichtlich vorschwebt, hierbei das »Stimmrecht« auf den Kreis der Journalisten und Rechtsanwälte begrenzen wollte, bliebe – bei aller Wertschätzung, welche das Gericht für diesen Personenkreis hegt – nach den Erfahrungen des Gerichts nicht gänzlich außer Zweifel, ob dieser Personenkreis als eine reine Republik der »Humanisten« bezeichnet werden könnte...

Schließlich hat das Gericht auch deshalb gewisse Zweifel an der von der Beklagten vorgeschlagenen Methode zur richtigen Orthographie, weil die Beklagte den sogenannten Lehrstand – einschließlich der Lehrpersonen an integrierten Gesamtschulen, deren Außerachtlassung bei Fragen der Orthografie wiederum manchem verständlich erscheinen mag – gänzlich unberücksichtigt lässt.

Insgesamt ist der Anspruch der Klägerin auf Erteilung eines qualifizierten Zeugnisses durch Erfüllung erloschen... Es ist nicht erkennbar, dass die hier von der Beklagten gewählte Schreibweise bei Personalentscheidungen irgendwelche negative Folgen für die Klägerin haben könnte.«[99]

Gehaltskürzung wegen »häufiger Toilettengänge«

Arbeitsrechtliche Streitigkeiten entstehen nicht nur über Zeugnisformulierungen, sondern auch wegen Gehaltskürzungen aufgrund angeblich versäumter Arbeitszeit. So klagte ein angestellter Rechtsanwalt vor dem Arbeitsgericht Köln gegen eine Gehaltskürzung vom 682,40 EURO. Der Grund: Der Arbeitgeber gab an, der Kollege habe seiner Ansicht nach zu viel Zeit auf der Toilette verbracht. Eine Mitarbeiterin hätte auf Anweisung minutiös festgehalten, wie oft und wie lange der Kläger auf der Toilette weilte. Das Toiletten-Protokoll habe für einen Zeitraum von knapp drei Wochen eine »Toilettenzeit« von 384 Minuten ergeben. Das Arbeitsgericht lehnte den Lohnabzug ab und verwies auf den von der gefestigten Rechtsprechung erarbeiteten zeitlichen Rahmen für versäumte Arbeitszeiten. Danach sei ein Lohnabzug nur gerechtfertigt, wenn der Arbeitnehmer die Hälfte der Arbeitszeit auf der Toilette verbringe.«[100]

§ 11
Verkehrsrechtshumor

Können Pferde alkoholbedingte Schwächen eines Kutschers kompensieren?

Kuriose Sachverhalte kennzeichnen nicht nur das Dienst- und Arbeitsrecht, sondern auch das Recht der mobilen Gesellschaft in Gestalt des Verkehrsrechtshumors.

In einem Land der Bier- und Weintrinker spielt der Alkohol im Straßenverkehr keine unbedeutende Rolle. Allerdings muss der vor Fahrtantritt konsumierte Alkohol nachträglich nicht immer bereut werden, wie die nachfolgenden Gerichtsentscheidungen belegen.

Ein Mann saß bei einer Polizeikontrolle mit 1,31 Promille Alkohol im Blut am Steuer eines abgeschleppten Wagens. Er wurde wegen Fahrens ohne Führerschein angeklagt. Das Oberlandesgericht Hamm hob die Verurteilung auf, weil sich in dem Tank des Autos kein Tropfen Benzin befand. Die Richter argumentierten ohne Benzin sei das Auto kein betriebsfähiges Fahrzeug und somit sei für den Fahrer auch kein Führerschein erforderlich.«[101]

Pferdegespanne dürfen zwar ohne Führerschein geführt werden. Darf der Kutscher aber betrunken sein oder kommt es vielleicht gar nicht auf seinen Gleichgewichtssinn an? Das Amtsgericht Köln konzentrierte sich jedenfalls bei seinen

Ausführungen weniger auf den Pferdelenker als vielmehr auf seine Pferde, die ihn erfolgreich aus der Bredouille befreien und einen Freispruch bewirken konnten.[102]

»Dem Angeklagten wird vorgeworfen, am… 1987 gegen 19:55 Uhr auf der F-Straße in K ein Pferdegespann geführt zu haben, obwohl er infolge Alkoholgenusses (BAK um 20:59 Uhr: 1,71 Promille) nicht in der Lage gewesen sei, das Gespann sicher zu führen. Aufgrund seiner Alkoholisierung habe sich nämlich eines der beiden vorgespannten Pferde im Geschirr verfangen und sei deshalb zu Fall gekommen… Der Angeklagte bestreitet, den Sturz des Pferdes durch Fehler beim Lenken verschuldet zu haben.

Der Angeklagte war freizusprechen… Der Auffassung der Staatsanwaltschaft, dass der Angeklagte aufgrund des genossenen Alkohols absolut fahruntüchtig war, vermag das Gericht nicht beizutreten. Der von der Rechtsprechung für Radfahrer ermittelte Grenzwert von 1,7 Promille kann nicht ohne weiteres auf Lenker von Pferdegespannen übertragen werden. Die absolute Fahruntüchtigkeit von Radfahrern wurde im Rahmen von Fahrprüfungen ermittelt, bei denen es in erster Linie auf die Fähigkeit der Testperson ankam, bei Kreis- und Slalomfahrten nicht umzufallen; auf die entsprechenden Veröffentlichungen in BLUTALKOHOL 1982 und 1984 wird hingewiesen.

Bei Lenkern von Pferdegespannen kommt dem Gleichgewichtssinn eine geringere Bedeutung zu und nur insoweit, als der Kutscher in der Lage sein muss, sich auf dem Bock zu halten. Auch muss berücksichtigt werden, dass Pferde kraft der ihnen eigenen Intelligenz alkoholbedingte Schwächen des Kutschers in gewissem Umfang kompensieren können. Insoweit könnte erwogen werden bei Lenkern von Pferdegespannen eine BAK von mehr als 1,7 Promille zu tolerieren. Dagegen spricht, dass Pferde (anders als Fahrräder) schreckhaft auf Verkehrsvorgänge oder andere äußere Reize (z. B. Insektenstiche) reagieren können und dass die Fähigkeit des Fahrers, scheuende oder durchgehende Pferde wieder unter Kontrolle zu bringen, bei einer BAK von 1,7 Promille erheblich eingeschränkt sein dürfte. Statistisch oder experimentell gesicherte Erkenntnisse hierüber fehlen jedoch.«[103]

Die halbclevere Manipulation eines Verkehrszeichens

Deutsche Richter sind gelegentlich nicht nur bei Alkoholfahrten im Straßenverkehr nachsichtig. Sie zeigen teilweise auch viel Verständnis für Kraftfahrer, die ein Verkehrszeichen manipulieren, um einem Bußgeld zu entgehen.

So verhielt es sich in einem Fall, bei dem gegen den Angeklagten ein Bußgeldverfahren wegen Überschreitung der zulässigen Höchstgeschwindigkeit eingeleitet wurde. Der Fahrer fuhr bei einer vorgeschriebenen Geschwindigkeitsbegrenzung von 30 km/h unter Abzug der üblichen Toleranz insgesamt 24 km/h zu schnell. Daraufhin entschloss sich der Betroffene, sich mit der Behauptung zu verteidigen, im Bereich der Messstelle sei eine zulässige Höchstgeschwindigkeit von 50 km/h ausgeschildert gewesen. Zur Manifestierung seiner Einlassung ließ er mehrere Klebefolien mit der Aufschrift 50 km fertigen und überklebte damit die mit 30 km/h ausgeschilderten Verkehrszeichen. Dann lichtete er sein Fahrzeug zu Beweiszwecken zusammen mit einem derart veränderten Schild ab und legte das Foto im Ordnungswidrigkeitsverfahren vor.

Das Landgericht wollte den Angeklagten wegen Urkundenfälschung verurteilen. Das Oberlandesgericht stellte hingegen fest, das Verkehrszeichen sei keine Urkunde im Sinne des § 267 Strafgesetzbuch, weil es unter anderem an der Beweisfunktion fehle. Zwar enthalte das Verkehrszeichen für den Rechtsverkehr bestimmte Erklärungen, die als Beweismittel dienen könnten. Der Urheber habe es aber nicht dazu bestimmt, im Rechtsverkehr über den Erlass des Verwaltungsaktes Beweis zu erbringen. Die feste Verankerung diene nur der Sicherheit des Straßenverkehrs und gewährleiste die Sichtbarkeit des Zeichens.

Diese Feststellungen nutzten jedoch dem Betroffenen im Ergebnis wenig. Denn das Gericht judizierte, er habe wegen der Unkenntlichmachung von Gefahrenzeichen eine Sachbeschädigung begangen und den Tatbestand der Amtsanmaßung verwirklicht.[104]

»Blondes Mädchen« ohne »Allerweltsgesicht«

Die Verurteilung wegen einer Verkehrsordnungswidrigkeit setzt voraus, dass die Identität des oder der Betroffenen bekannt ist. In einem Amtsgerichtsprozess gegen eine weibliche Person, die auf Fragen zur Person schwieg, stellte der Richter fest:

»Die Betroffene trug im Hauptverhandlungstermin mittellanges Haar, welches farblich nicht eindeutig zu klassifizieren war, es war – je nach Licht und Blickrichtung etwas wechselnd – von rötlich blonder Farbe mit einem bräunlichen Hauch. Die Betroffene erklärte, dass sie ihr Haar mit Henna töne.

In der ursprünglichen Auskunft der Polizei Wetzlar an den Regierungspräsidenten in Kassel war zur Person der Fahrerin angegeben: »Blondes Mädchen«... Hinsichtlich der Messung der Betroffenen stand zur Person des Fahrers zu lesen: »Mädchen«, dahinter ein »B« mit anhängender Schlangenlinie. Der Zeuge... erklärte, dass er selbst nicht sagen könne, ob dieses natürlich in Eile... auf das Blatt hingeworfene Woot nun »Blond« oder »Braun« heiße. Bewiesen ist damit nur, dass dem Zeugen die Fahrerin des PKWs seinerzeit entweder blondhaarig oder braunhaarig erschienen sein dürfte.

Der erkennende Richter hat sich die Betroffene in der Hauptverhandlung äußerst genau betrachtet – schließlich war die Frage der Identität der zentrale Punkt der Hauptverhandlung. Die Betroffene war, wenngleich sie ansonsten schwieg, immerhin insofern kooperativ, als sie auf die Bitte des Richters eine Zeit lang eine Kopfhaltung einnahm, die der auf dem Radarfoto abgebildeten Person entsprach, einging.

Der Richter ist aufgrund seines Augenscheines davon überzeugt, dass das Radarfoto die Züge der Betroffenen wiedergibt... Die Betroffene ist eine nicht unansehnliche junge Dame, der das Kompliment zu machen ist, kein Allerweltsgesicht zu haben. Der Nachteil dieser schmeichelhaften Feststellung ist aber für die Betroffene der, dass aus den Konturen des Fotos deutliche Übereinstimmungen mit der plastischen

Realität sich ergeben haben: insbesondere zeigt sich auf dem Foto der sich gut abzeichnende Verlauf der linken Wangenpartie der Nasenbereich und auch dessen Übergang zur Oberlippe fanden in der Realität genau Entsprechung; sogar die Silhouette des Haarschopfes und die Form des in die Stirn fallen Haares entsprechen dem Foto. Das Gericht hat sich die Überzeugungsbildung hinsichtlich der Identität der Betroffenen nicht leichtfertig einfach gemacht. Der Richter ist aber aufgrund der eingehenden Betrachtung der Gesichtszüge und des Erscheinungsbildes der Betroffenen davon überzeugt, dass sie die abgelichtete Fahrzeugführerin ist.«[105]

Der herumstehende Pfosten

Auch in einem anderen Amtsgerichtsprozess klärte ein Richter die Parteien auf volkstümliche Weise über ihre jeweilige Schadensersatzpflicht aus einem Kraftfahrzeugunfall auf, bei dem ein Pfosten gerammt wurde. Dabei war streitig, ob die Klägerin gefahren war oder ob sie das Steuer dem Beklagten überlassen hatte. In den Entscheidungsgründen heißt es dazu unter anderem:

»Nach der Überzeugung des Gerichts hat die Klägerin sich vom Beklagten überreden lassen, ihn einmal ans Steuer zu lassen, und der Beklagte hat die Gunst der Stunde dazu genutzt, einen desorientiert in der Gegend herumstehenden Pfosten zu rammen. Der Beklagte hat zwar mit messerscharfer Logik erklärt, er sei nicht so blöd, zu fahren, wenn er keine Fahrerlaubnis habe. Das ist aber kein Beweis für das Gegenteil. Denn diese Verteidigung ist dem erkennenden Gericht schon zu oft vorgekommen (vgl. dazu *Heinz Erhardt* »wenn sie mich für blöd halten, dann sind Sie bei mir an den Richtigen gekommen«). Deshalb gibt es auch keinen menschlich wie rechtlich einleuchtenden Grund, warum der Beklagte aus »Kulanz«-Gründen versprochen hat, die Hälfte des Schadens zu zahlen… wenn er sich nicht einer gewissen Schuld am Zustandekommen des Unfalls bewusst war. Andererseits hat die Klägerin die Hälfte ihres Schadens selbst zu tragen. Einmal haben sich die Parteien nach der Bekundung des Zeugen D darauf geeinigt, und zum anderen hat die Klägerin den Beklagten als Amateur ans Steuer gelassen. Ob sie dabei nach dem Grundsatz gehandelt hat; »wem ich meinen Leib gönne, dem gönne ich auch mein Gut« (vgl. dazu *Karl Simrock*, Die deutschen Sprichwörter, gesammelt, Frankfurt am Main 1846, Nr. 6295) oder nach dem Prinzip »Lass fahren, was nicht bleiben will« (*Simrock*, aaO Nr. 2244), kann hier offenbleiben. Wer nämlich einen fahren lässt, der nicht fahren kann, muss körperlich wie rechtlich einem ungewissen Ausgang der Fahrt entgegensehen und gewisse Unbilden, wie einen im Wege stehenden Pfahl, in Kauf nehmen. Insoweit gilt: »Wer sich selbst schadet, mag sich selbst verklagen« (*Simrock*, aaO Nr. 8803). Zur Schonung ihrer Güter wird die Klägerin daher künftig am besten fahren, wenn sie den Ratschlag beherzigt: »Bei dem Freunde halte still, der dich nur, nicht das deine will« (*Simrock*, aaO Nr. 2720).[106]

Das »selbstbalancierende« Fahrzeug

Kraftfahrzeuge teilen sich im Rahmen der Mobilitäts- und Verkehrswende den Straßenraum zunehmend mit sog. Elektrokleinstfahrzeugen, im Volksmund »E-Scooter« oder »Elektroroller« genannt, zunehmend das Straßenbild. Den Nutzern ist jedoch kaum bewusst, was das Verkehrsrecht zu diesem neuen Verkehrsmittel sagt. Nach § 1 Abs. 1 der Kleinstfahrzeuge-Verordnung[107] sind Kleinstfahrzeuge:

»Kraftfahrzeuge mit elektrischem Antrieb und einer bauartbedingten Höchstgeschwindigkeit von nicht weniger als 6 km/h und nicht mehr als 20 km/h, die folgende Merkmale aufweisen:

»Fahrzeug ohne Sitz oder selbstbalancierendes Fahrzeug mit oder ohne Sitz...«

Ergänzend heißt es in Abs. 2 der Verordnung:

»Ein Elektrokleinstfahrzeug ist selbstbalancierend, wenn es mit einer integrierten elektronischen Balance-, Lenk- und Verzögerungstechnik ausgestattet ist, durch die es eigenständig in Balance gehalten wird.«

Wie ist diese Definition zu verstehen? Bedeutet der Hinweis auf die eigenständige Balance, dass ein selbstbalancierendes Fahrzeug in der Lage ist, sich selbst auszubalancieren mit der Folge, dass der Fahrer keine Rolle spielt? Die Verordnung nimmt dazu keine Stellung. Für Nutzer wäre eine verbindliche Antwort des Bundesministeriums für Verkehr schon deshalb hilfreich, weil das Elektrokleinstfahrzeug dann insbesondere alkohol- und gleichgewichtsbedingte Schwächen des Fahrers ausgleichen könnte, weil sich der Fahrer auf das

Funktionieren der Balancetechnik verlassen könnte. Das hätte wiederum Folgen für das Bußgeldverfahren, weil dann der Alkoholgenuss auf Rädern jedenfalls hinsichtlich des Ausbalancierens bußgeldunschädlich sein müsste.

Die Balance spielte auch eine Rolle bei einem Motorradfahrer, der sein Kraftrad auf öffentlicher Straße so hochsteigen ließ, dass das Vorderrad etwa einen halben Meter über der Fahrbahn schwebte. Hier war zu entscheiden, ob gegen den Motorradfahrer eine Geldbuße festgesetzt werden darf. Das Bayerische Oberste Landesgericht verwies auf § 23 Abs. 3 StVO, der nur vorschreibe, dass sich Führer von Krafträdern nicht an Fahrzeugen anhängen und nicht freihändig fahren dürfen... Dann heißt es wörtlich:

»Es ist ihnen aber nicht ausdrücklich verboten, ihr Fahrzeug auf einem Rad zu betreiben. Aus dem Sinnzusammenhang zwischen Straßenverkehrszulassungsverordnung und Straßenverkehrsordnung allein kann ein allgemein bewehrtes Verbot, ein Fahrzeug anders als verkehrsüblich zu betreiben, nicht hergeleitet werden...«

»Ein Verbot, ein Kraftrad auf einem Rad zu betreiben, kann auch nicht § 23 Abs. 1 Satz 1 StVO entnommen werden. Nach dieser Vorschrift muss der Fahrzeugführer dafür sorgen, dass die Verkehrssicherheit des Fahrzeugs durch die Besetzung nicht leidet. Zur »Besetzung« des Fahrzeugs zählen jedoch nicht der Fahrzeugführer, sondern nur die mit dem Fahrzeug beförderten Personen, das heißt diejenigen, die sich außer dem Fahrzeugführer in oder auf dem Fahrzeug befinden...«[108]

Kostenlose Toilettenbenutzung an Autobahnraststätten?

Wer mit seinem Fahrzeug auf der Autobahn fährt, spürt gelegentlich das Bedürfnis nach einer Toilettenpause. Der Kläger meint, ihm stehe ein Anspruch auf kostenlose Nutzung der Toilettenanlagen an Nebenbetrieben der Autobahnraststätten in Rheinland-Pfalz zu. Das Oberverwaltungsgericht Koblenz würdigte das Anliegen des Klägers so:

»Eine unentgeltliche Nutzung der Toiletten… ist zur Sicherung der Grundrechte des Klägers nicht unbedingt erforderlich. Denn zum einen ist das Entgelt für die Toilettenbenutzung geringfügig. Es hindert… niemanden an der Toilettennutzung, zumal sich der Kreis möglicher Betroffener auf Personen beschränkt, die über ausreichende finanzielle Mittel verfügen, um eine Autobahn zu benutzen. Zum anderen gibt es an rheinland-pfälzischen Autobahnen neben den sanitären Einrichtungen an den 28 Nebenbetrieben… kostenfreie Toiletten in elf weiteren Nebenbetrieben sowie an 43 unbewirtschafteten Rastanlagen.«

Demgegenüber kann der Kläger mit Erfolg nicht einwenden, es sei »sachfremd« von ihm zu erwarten, nach dem Tanken und Essen in einem Nebenbetrieb mehrere Kilometer weiterzufahren, um an einer kostenlosen öffentlichen Toilette seine Notdurft zu verrichten. Eine solche Weiterfahrt mag unangenehm und lästig sein. Gleichwohl ist der Staat von Rechts wegen nicht verpflichtet, dem Kläger diese Lästigkeit zu ersparen. Des Weiteren kann der Kläger sich nicht mit Erfolg auf die »Sicherheit und Leichtigkeit des Verkehrs« berufen, die nach seinem Dafürhalten leide, wenn Reisende ihre Fahrt »mit voller Blase« zunächst fortsetzen müssten, um eine kostenlose öffentliche Toilette zu erreichen. Die Sicherheit und Leichtigkeit des Verkehrs läge im öffentlichen und nicht im subjektiven Interesse des Klägers.[109]

Party-Bike als »rollende Veranstaltungsfläche«

Die Sicherheit und Leichtigkeit des Verkehrs spielt auch eine Rolle bei der Qualifizierung von Fahrzeugen als Verkehrsmittel. Wie verhält es sich mit sog. Party-Bikes, auf denen sich Zeitgenossen auf öffentlichen Straßen vergnügen wollen? Eine exakte juristische Bewertung setzt zunächst voraus, dass man sich Klarheit über die Besonderheiten dieser Gefährte verschafft.

Party-Bikes sind 4 rädrige Fahrzeuge, die Sitzgelegenheiten bis zu 16 Personen bieten und durch Pedale der Benutzer angetrieben werden. Auf dem Party-Bike befindet sich ein Metallbehältnis für Getränke und eine Soundanlage. Der Veranstalter geht davon aus, er dürfe erlaubnisfrei im Rahmen des Gemeingebrauchs die Party-Bikes auf Straßen einsetzen.

Die zuständige Verwaltungsbehörde vertrat hingegen die Auffassung, die Straße werde hier nicht vorwiegend zu dem Verkehr benutzt, zu dem sie bestimmt ist und verlangt eine Sondernutzungserlaubnis für den Betrieb der Party-Bikes. Das Oberverwaltungsgericht Münster qualifizierte Party-Bike-Fahrten mit folgenden Argumenten als verkehrsfremd. Bei einer Gesamtschau bestehe der

»Hauptzweck darin, Partys, Feiern oder ähnliche Veranstaltungen auf der Straße durchzuführen und nicht in einer Ortsveränderung zum Personentransport. Die Verkehrsteilnahme findet lediglich äußerlich statt oder wird jedenfalls durch den mit der Nutzung verfolgten Hauptzweck so sehr zurückgedrängt, dass nicht mehr von einer Nutzung zum Verkehr gesprochen werden kann. Denn das Party Bike erfüllt aus Sicht eines objektiven Beobachters schon nach seinem Erscheinungsbild nicht die Funktion eines Verkehrsmittels. Es handelt sich vielmehr um eine rollende Veranstaltungsfläche. Nach seiner konstruktiven Bauweise und Konzeption ist es eine mit Rädern versehene Theke. Die Nutzer sitzen an einem Tisch. Bei den Fahrten werden entweder Bier vom Fass, andere alkoholische oder nichtalkoholische Getränke gereicht oder von den Nutzern mitgebracht. Dabei wird außerdem Musik abgespielt. Würden die vier Räder und die Pedale hinweggedacht, handelte es sich um eine Theke mit Soundanlage, die offensichtlich keinerlei Verkehrsbezug aufwiese. Allein durch die Räder und den Pedalantrieb sowie die damit verbundene Fortbewegungsmöglichkeit wird diese Theke nicht zu einem Verkehrsmittel, das zum Zwecke der Ortsveränderung auf die Straße aufgebracht wird. Das Party Bike unterscheidet sich vielmehr nur unwesentlich von einer außengastronomischen Stätte oder sonstigen Veranstaltungsplattform im öffentlichen Verkehrsraum, deren Benutzung regelmäßig über den Gemeingebrauch hinausgeht.«[110]

Das Urteil bedeutet, dass ein Party-Bike-Betreiber einer gebührenpflichtigen Sondererlaubnis bedarf. Auf die Erteilung der Genehmigung besteht jedoch kein Rechtsanspruch, weil die Erlaubnisbehörde nach pflichtgemäßem Ermessen entscheidet und dabei unterschiedliche Interessen berücksichtigen und miteinander abwägen muss.

Mehr Fußmarsch bei fehlender Fahrerlaubnis

Um Fortbewegung auf der Straße geht es auch in dem folgenden Fall, in dem das Gericht die nach §§ 69, 69a Strafgesetzbuch festzusetzende Sperrfrist für die Wiederteilung der Fahrerlaubnis zu begründen hatte. Die Kammer fühlte sich dazu berufen, zur Erleichterung des Zusammenlebens einige verbindliche Lebensregeln aufzustellen, die der Betroffene beachten sollte. In dem Urteil heißt es dazu:

»Statt sich durch den Hinweis trösten zu lassen, er möge doch die führerscheinlose Zeit zum gesundheitsfördernden Radfahren oder Fußmarsch nutzen, zeigte der Angeklagte nur durch sehr entsetzte und verständnislose Blicke, dass er sich ein Leben ohne Auto offenbar gar nicht mehr vorzustellen vermag... Wie diese jungen Menschen einmal die doch schon am Horizont sich abzeichnenden weltweiten wirtschaftlichen Katastrophen und Notzeiten überstehen wollen, bleibt unerfindlich. Viele junge Leute sind augenscheinlich nicht einmal mehr gewillt, auch nur die kleinsten Besorgungen zu Fuß zu erledigen. Arme deutsche Jugend! Nicht nur durch Platt-, Spreiz- und Senkfüße dazu genötigt, den Sonntagsspaziergang allenfalls auf wenige Meter Entfernung vom fahrenden Untersatz zu beschränken, wird sie schließlich auch noch durch freiwilligen Verzicht auf die Betätigung ihrer Beinmuskeln unfähig, vor einem etwaigen Feind auch nur davonzulaufen. Die Geschichte enthält genugsam warnende Beispiele dafür, wie so der Trägheit verfallene Völker einmal enden. Man denke nur an die Sybariter, die, von Völlerei und Wohlleben erschlafft, von den hartgestählten und laufgeübten Söldnern Krotons in kürzester Zeit überrumpelt und bis auf den letzten Mann abgeschlachtet wurden… Es wäre gut, wenn auch der Angeklagte einmal in sich ginge und daran dächte, wie schnell doch diese Zeit des Überflusses und all der schönen Maschinen zu Ende gehen kann… Wenn der Angeklagte sich nur ein wenig von dem, was ihm anlässlich seines Falles zu seinen eigenen Besten gesagt wurde, zu Herzen nähme, wäre schon viel gewonnen. Er würde dann, wenn ihm einmal der Führerschein wieder erteilt worden sein wird, das Autofahren als das zu schätzen wissen, was es ist: nämlich als ein schönes Spiel das nicht mehr lange dauern wird.«[111]

Zur Zumutbarkeit des Rangierens bei »schmaler« Fahrbahn

Apropos Autofahren. Ein Autofahrer beantragte ein Parkverbot auf der gegenüber seiner Garage liegenden Straßenseite, weil dort die Fahrzeuge eng hintereinander geparkt würden, so dass er nur mit Hilfe einer weiteren Person risikolos aus seiner Garage ausfahren könne. Das Gericht lehnte den Antrag nach einem Ortstermin mit Fahrversuch des Autofahrers ab.

Nach § 12 Abs. 3 Nr. 3 Halbsatz 2 StVO liegen Gründe für die Anordnung eines Parkverbotes zum Schutz der Sicherheit und Ordnung des Verkehrs vor, wenn es sich im Bereich der Grundstückszufahrt des Autofahrers um eine »schmale« Fahrbahn handelt. Da sich der Verordnungsgeber ausweislich der amtlichen Begründung weigerte, Näheres festzulegen, weil der Zweck der Norm auf der Hand liege, musste das Gericht darüber befinden, wie das Wort »schmal« zu interpretieren ist. Es führte dazu aus:

»Dem allgemeinen Wortsinn nach bedeutet »schmal« so viel wie »nicht breit«, »von geringer Breite oder Ausdehnung«... Der Sinn und Zweck des durch § 12 Abs. 3 Nr. 3 StVO unmittelbar normativ angeordneten Parkverbots liegt darin, sicherzustellen, dass die Berechtigten, also der Grundstückseigentümer und sonstige Anlieger, die Grundstückszufahrt in zumutbarer Weise bestimmungsgemäß nutzen können. Die Rechtsprechung... macht die Einordnung einer Fahrbahn als schmal im Sinne des § 12 Abs. 3 Nr. 3 Halbsatz 2 StVO davon abhängig, ob der Berechtigte die Grundstückseinfahrt noch unter einem mäßigen Rangieren benutzen kann; ein mäßiges Rangieren wird mit Blick auf die zunehmende Parkraumnot als zumutbar erachtet, hingegen ein »schwieriges Rangieren« nicht mehr.

Auf dieser Grundlage ist eine Konkretisierung des Begriffs der »schmalen Fahrbahn« möglich... Als Orientierungswert kann davon ausgegangen werden, dass eine Fahrbahnbreite von mindestens 5,50 m nicht »schmal« ist. Das folgt zum einen aus dem Umstand, dass nach § 32 Abs. 1 Satz 1 Nr. 5 StVZO die höchstzulässige Breite bei Personenkraftwagen 2,50 Meter nicht überschreiten darf. Das macht bei Hinzuziehung eines Sicherheitsabstandes von rund 0,50 m für die Ermöglichung eines reibungslosen Begegnungsverkehrs eine Breite der Fahrbahn von 5,50 m erforderlich. Zu berücksichtigen sind darüber hinaus die Verkehrsfunktion und -bedeutung der Straße, auf die die Grundstückszufahrt führt. Findet dort dichter Durchgangsverkehr statt, führen Rangiervorgänge zu größeren Beeinträchtigungen der Sicherheit und Leichtigkeit des Verkehrs als dann, wenn es sich um eine Straße untergeordneter Bedeutung… handelt. Die Zahl der zumutbaren Rangiervorgänge ist daher… im ersten Fall niedriger anzusehen als im zweiten Fall.

Dem Kläger war es bei den beiden Fahrproben… jeweils möglich, bei einem auf der seiner Garagenzufahrt gegenüberliegenden Straßenseite geparkten Pkw mit einem dreimaligen Rangieren aus seiner Garage auf die Straße zu gelangen… Die Grenze einer unzumutbaren Behinderung oder Erschwernis ist hier noch nicht erreicht. Mit Blick auf die örtlichen Verhältnisse und die weiteren Umstände des Einzelfalls sind dem Kläger drei Rangiervorgänge noch zumutbar… Vielmehr belegen die erfolgreich absolvierten Fahrproben, dass ein schadensfreies Ausfahren auf die Straße bei vorsichtiger Fahrweise und umsichtigen Rangierens auch ohne eine Einweisung möglich ist.«[112]

Die selbstbestimmte »Dämmerung«

Während der Begriff »schmale Fahrbahn« nach dem dargestellten Urteil einigermaßen eingrenzbar ist, tut sich die Rechtsprechung bei der Konkretisierung der Bezeichnung

»Dämmerung« schwer. Das belegt eine Entscheidung des Verwaltungsgerichtshofes Kassel, der anlässlich eines behördlich angeordneten sog. »Dämmerungs- und Nachtfahrverbotes« Stellung nehmen musste:

»Danach findet der Zeitraum der Dämmerung äußere Grenzen durch den Zeitpunkt des Sonnenuntergangs und den des Sonnenaufgangs. Vor dem genau festgelegten – und leicht in Erfahrung zu bringenden – Zeitpunkt des Sonnenuntergangs und nach Sonnenaufgang liegt keine Abend- bzw. Morgendämmerung vor… Dadurch wird der Antragsteller in die Lage versetzt, auch längere Fahrten sicher zu disponieren. Andererseits können in der Übergangszeit… die Sichtverhältnisse noch so gut sein, dass von Dämmerung nicht mehr oder nicht gesprochen werden kann… Die im Einzelfall noch verbleibende Auslegung kann dem Kraftfahrer hier ebenso zugemutet werden wie bei anderen leicht abgrenzbaren begriffen (Nässe, Nebel, Schneefall, Regen)… Durch die Anknüpfung des Fahrverbots an den unbestimmten Rechtsbegriff der Dämmerung räumt die Verkehrsbehörde dem Antragsteller einen größeren Freiheitsraum bei der Ausnutzung seiner Fahrerlaubnis ein, als das bei einer – gegebenenfalls nach den Jahreszeiten abgestuften – zeitlich genau festgelegten Auflage der Fall wäre.«[113]

Zum »Führen« eines Fahrrades

Fahrverbote werden nicht nur für das Führen von Kraftfahrzeugen, sondern auch für das Führen von Fahrrädern ausgesprochen.

Der Kläger wandte sich gegen das Verbot des Führens von Fahrrädern im öffentlichen Straßenverkehr, nachdem er bei einer Verkehrskontrolle einen Blutalkoholgehalt von 2,41 % aufwies. Dazu erklärte der zuständige Polizeibeamte, der Kläger sei kurz vor seiner Wohnadresse auf dem Fahrrad sitzend und rollend beobachtet worden. Der Kläger monierte, das Führen eines Fahrrads im Sinne des § 316 StGB setze voraus, dass beim Besteigen des Fahrrads der Bodenkontakt mit beiden Füßen gelöst werde, was aber der Polizeibeamte nicht ausdrücklich wahrgenommen habe. Dazu stellte der Verwaltungsgerichtshof München fest:

»Das Sitzen auf einem rollenden Fahrrad stellt ein Führen dieses Fahrrads dar, weil ein rollendes Fahrrad mit einer darauf sitzenden Person offensichtlich des Führens bedarf. Das Verwaltungsgericht hat hierzu ausgeführt, dies gelte unabhängig davon, ob die Bewegungsenergie aus einem aktuellen Betätigen der Pedale gezogen werde, aus einer vorhergehenden Pedalbewegung herrühre oder etwa nur aus der Schwerkraft beim Befahren einer Gefällstrecke. Kennzeichnend für das Führen eines Fahrzeugs sei, dass die Räder rollten… Rollt ein Fahrrad mit einer darauf sitzenden Person, ergibt sich damit automatisch, dass der Bodenkontakt mit den Füßen »gelöst« ist; ansonsten würden die Füße während der Bewegung des Führens auf dem Boden »schleifen«, was zwar möglich, aber letztlich dem Führen eines Fahrrads nicht entgegensteht, weil es auch dann noch geführt, also gelenkt werden muss.«[114]

Zum Nacktfahren bei hohen Temperaturen

Um das ordnungsgemäße Führen eines Fahrzeuges geht es ferner bei der Frage, ob man bei hohen Temperaturen im PKW nackt fahren darf. Zu diesem Sachverhalt hat sich der ADAC in seiner Mitgliederzeitschrift wie folgt geäußert:

»Ja, denn es gibt in Deutschland keine Kleidervorschrift, was das Autofahren angeht – auch wenn sich andere Verkehrsteilnehmer womöglich an dem Anblick stören, dass jemand oben ohne unterwegs ist. Für den Gesetzgeber ist lediglich entscheidend, dass die Person am Steuer des Fahrzeugs sicher führen kann. Wer allerdings komplett unbekleidet mit dem Auto fährt, riskiert nach dem Ordnungswidrigkeitengesetz ein Bußgeld – jedenfalls in dem Moment, in dem er oder sie nach der Fahrt unbekleidet aussteigt. Denn auch wenn Nacktheit in der Öffentlichkeit in Deutschland strafrechtlich nicht verboten ist, darf man sich üblicherweise nur an dafür ausgewählten Orten so aufhalten. Und ein Parkplatz mitten in der Stadt beispielsweise gehört nicht dazu.«[115]

§ 12
Freizeitrechtshumor

Die nicht befestigte Damenperlonsocke eines nackten Joggers

Das Thema Nacktheit in der Öffentlichkeit spielte ferner bei einer Person eine Rolle, der verboten wurde, sich nackt auf öffentlichen Flächen im Stadtgebiet aufzuhalten. Anlass der Entscheidung war ein Jogger, der nur mit Turnschuhen und Socken begleitet seinem Sport nachging, nachdem er recherchiert hatte, dass es angeblich keinen Paragrafen gebe, der das Nackt-Joggen untersagt. Denn zur Erregung öffentlichen Ärgernisses gehöre mehr als nur das nackte Dasein und sein Auftreten sei keine grob ungehörige Handlung. Außerdem habe er die Bewohner an seiner Laufstrecke mit Flugblättern an 6000 Haushalte »vorgewarnt«. Aufgrund von Beschwerden und Hinweisen der Polizei bezüglich der Unzulässigkeit seines Verhaltens erklärte der Antragsteller:

»... dass er sich peinlich genau an die Entscheidung der Antragsgegnerin... halte und nur noch mit einer »hautfarbenen vollständigen Penisverhüllung spazieren gehe oder jogge«.

Im Gegensatz dazu sah das Gericht den Tatbestand der Nacktheit selbst dann als erfüllt an, wenn der Antragsteller »auch mit Gürtel und einem daran befestigten kleinen Handtuch über dem Geschlechtsteil« durch die Gegend läuft:

»Dabei ist unerheblich, ob das Geschlechtsteil des Antragstellers völlig entblößt oder mit einer nicht befestigten Damenperlonsocke verhüllt ist, die den Blick auf das Geschlechtsteil oder Teile davon aufgrund des durchsichtigen Materials oder bei der Bewegung freigibt. Untersagt ist nach dem objektiven Erklärungsinhalt der Verfügung, dass die Passanten unfreiwillig den Schambereich des Antragstellers bei seinen Spaziergängen wahrnehmen können und der Schambereich damit auf sie nackt wirkt.«[116]

Unbekleidetes Sonnenbaden als Mietmangel?

Eine weitere Variante des Nacktseins ist das unbekleidete Sonnenbaden in einem allgemein zugänglichen Hof eines Hauses. In dem folgenden Fall wollte die Mieterin das nachgewiesene nackte Sonnenbaden ihres Vermieters als Mietmangel geltend machen. Diesem Ansinnen widersprach das Oberlandesgericht Frankfurt am Main.

Grundsätzlich seien als ästhetisch oder anstößig empfundene Einwirkungen auf ein Grundstück gestattet, es sei denn, es liege ein gezieltes schädigendes Ereignis vor, welches das gesundheitliche Wohlbefinden störe oder ein körperliches Unwohlsein hervorrufe. Ein im Hof sich sonnender Mensch sei noch keine Beeinträchtigung der Gebrauchstauglichkeit der Mietsache.

Eigentlich hätten sich diese Ausführungen des Gerichts erübrigt. Denn der Senat führte einen Ortstermin durch, bei dem festgestellt wurde, dass die Mieterin den unbekleideten

Vermieter gar nicht sehen konnte. Man habe nämlich das Fenster öffnen und sich weit hinauslehnen müssen, um überhaupt eine Person an der Stelle in das Blickfeld zu bekommen. Fazit: Die Mieterin hätte sich des aus ihrer Sicht unerfreulichen Anblicks entziehen können, wenn sie sich nicht so weit auf dem Fenster hinausgelehnt hätte[117].

Die »Kirche des Bizeps« und das Fitness-Studio

Im übertragenen Sinne aus dem Fenster gelehnt hat sich ein Jurist, dem es während der Corona-Beschränkungen um den Erhalt seiner Fitness ging. Der antragstellende Anwalt trug vor, er sei seit mehreren Jahren Mitglied in einem Fitness-Studio und gleichzeitig Angehöriger der »anerkannten Glaubensgemeinschaft Kirche des Bizeps«. Bestandteil der nach Artikel 4 Grundgesetz geschützten Religionsausübung sei der regelmäßige Besuch des Fitness Studios. Die ihn betreffende Coronaverordnung der Landesregierung über infektionsschützende Maßnahmen… verbiete ihm das Praktizieren der von seiner Glaubensgemeinschaft geforderten religiösen Rituale im Fitness-Studio, wie beispielsweise das Gewichte stemmen. Er werde in seiner Glaubensgemeinschaft nicht mehr als vollwertiges Mitglied anerkannt und müsse tagtäglich wegen der nachlassenden körperlichen Fitness den Rauswurf aus der Glaubensgemeinschaft befürchten. Dazu stellte der Verwaltungsgerichtshof Mannheim fest:

»Bei der Würdigung dessen, was im Einzelfall als Ausübung von Religion und Weltanschauung zu betrachten ist, darf das Selbstverständnis der jeweils betroffenen Religion und Weltanschauungsgemeinschaften und des einzelnen Grundrechtsträgers nicht außer Betracht bleiben… Die staatlichen Organe dürfen prüfen und entscheiden ob… das Verhalten… tatsächlich eine religiöse Motivation hat« (vgl. zur »Kirche des Fliegenden Spaghettimonsters« Oberverwaltungsgericht Hamburg, Beschluss vom 15.5.2018 – 5 So 72/17; BVerfG, Nichtannahmebeschluss vom 11.10.2018 – 1 BvR 1984/17).

»Der Antragsteller hat zu der angeblichen Glaubensgemeinschaft der »Kirche des Bizeps« nichts Substanzielles vorgetragen, sondern sich im Wesentlichen auf einen Hinweis auf »diverse Äußerungen« der »Glaubensführer« in sozialen Medien beschränkt. Weder der vom Antragsteller andeutungsweise in Bezug genommene Facebook-Auftritt… noch die Angebote auf der Website bieten indes Anhaltspunkte dafür, dass es sich bei der von dem Antragsteller in Bezug genommenen Kirche um mehr als eine beim Kraftsport ansetzende Religionsparodie handeln könnte… Keine der dort eingestellten »Himmlischen Schriften« oder »Papyri der Bizepskirche« lassen einen ernsthaft glaubensgeleiteten Inhalt erkennen. Sie beschränken sich im Wesentlichen auf Parodien christlicher und jüdischer Glaubenstexte« (vgl. exemplarisch das »Papyri # 9«). »Und als der Herr an den Kabelzug trat, wandte er sich noch einmal an seine Jünger: »So wie vom Leberkäs sollt ihr euch hier eine dicke Scheibe abschneiden«.[118]

Dienen Bräunungsstudios und der Videofilmausleih an Sonntagen der »seelischen Erhebung«?

Während Freizeitaktivitäten an Sonn- und Feiertagen in Fitness-Studios gestattet sind, war unklar, ob dieses Öffnungsprivileg auch für den Betrieb von Bräunungsstudios auf Münzbasis gilt. Hier kommt es darauf an, ob das Bräunen der »seelischen Erhebung« dient (Art. 140 Grundgesetz i. V. m. Art. 139 der Weimarer Reichsverfassung) oder ob es zu den typischen werktäglichen Beschäftigungen und Bedürfnissen gehört. Das Bundesverwaltungsgericht hat wie folgt entschieden:

»Bräunungsstudios ermöglichen auch eine Sonn- und Feiertagsgestaltung. Ihren Benutzern geht es vornehmlich nicht nur darum, gegen Entgelt durch künstliche Bestrahlung eine gewünschte Körperbräune zu erwerben, sondern insgesamt um ein dem Genuss eines Sonnenbades entsprechendes Erlebnis. Insofern sind Bräunungsstudios eher den an Sonn- und Feiertagen im Allgemeinen geöffneten Badeanstalten als den an diesen Tagen geschlossenen Kosmetik- oder Haarpflegesalons vergleichbar.«[119]

Diese Argumentation wird allerdings den sonnenhungrigen Durchschnittsbürger kaum überzeugen. Worin bestehen der besondere Genuss und das besondere Erlebnis, wenn sich ein Mensch auf eine zunächst kalte und harte Sonnenbank in einer engen, muffigen Kabine legt und sich über seinem Körper ein Bestrahlungsgerät befindet, das eher an einen hell erleuchteten Operationssaal erinnert?

Damit ist noch nicht geklärt, ob das Ausleihen von Videofilmen an Sonn- und Feiertagen der »seelischen Erhebung« dient. Das Oberlandesgericht Düsseldorf lehnte diese Zuordnung ab, weil die Vermietung von Videofilmen nicht der Erholung im Rahmen der Freizeitgestaltung diene. Eine Videothek sei auch nicht vergleichbar mit einer Sauna, einem Bräunungsstudio oder einem Fitness-Studio. Der Unterschied besteht nach Ansicht der Richter darin, dass sich die Besucher bei einer Sauna oder einem Bräunungsstudio durch eigene Betätigung, eigenes Erleben, eigenes Vergnügen oder Muße erholten. Demgegenüber suche man eine Videothek auf, um mit den erworbenen Filmen zuhause seine Freizeit zu gestalten und sich zu erholen.[120]

Fazit dieser Entscheidung: Eine Erholung im Sinne einer »seelischen Erhebung« liegt offensichtlich nur dann vor, wenn sie außerhalb der eigenen Wohnung stattfindet, obwohl der normale Mensch möglicherweise auch innerhalb seiner vier Wände mit ausgeliehenen Videofilmen seine Seele baumeln lassen und entspannen will.

Ein Kasten Bier als Reisebedarf?

Ein weiteres Beispiel für Dienstleistungsrestriktionen an Sonn- und Feiertagen ist die im Ladenöffnungsrecht festgeschriebene Klausel über den sogenannten »Reisebedarf«, der auch während der Ladenschlusszeiten an Tankstellen sowie Verkaufsstellen auf Flughäfen und Personenbahnhöfen veräußert werden darf. Die beklagte Tankstelle verkaufte während der Ladenschlusszeiten kastenweise Bier, wobei der Käufer bei Aushändigung des Kassenbons darauf hingewiesen wurde, dass es sich um Reisebedarf handeln müsse. Eine entsprechende Bestätigung war auf dem Kassenbon aufgedruckt.

Ob der kastenweise Bierverkauf zulässig ist, richtet sich danach, ob es sich dabei um Reisebedarf im Sinne von »Lebens- und Genussmittel in kleinen Mengen« handelt (s. etwa § 3 Abs. 3 NRW Ladenöffnungsgesetz). Das Oberlandesgericht München stellte zu diesem Streit fest:

»Der Senat ist mit dem Beklagten zwar der Ansicht, dass es vorliegend einer Haarspalterei über kleinere oder geringere Mengen nicht bedarf. Das führt aber zu keiner dem Beklagten günstigen Beurteilung. Denn ein Kasten Bier kann unter Berücksichtigung des Umstandes, dass es sich hierbei um Reisebedarf handelt, weder als eine kleine noch als eine kleinere Menge angesehen werden… dem Bezug auf »Reisebedarf« ist zu entnehmen, dass es sich um eine Menge handelt, die zum alsbaldigen Gebrauch und Verbrauch des Reisenden geeignet ist… Das Argument der Beklagten, Bier werde vorzugsweise kastenweise erworben, trägt hier nicht… Daraus kann aber nicht gefolgert werden, deshalb müsse es erlaubt sein, an Tankstellen während der allgemeinen Ladenschlusszeiten Bier und andere Getränke in der hier streitgegenständlichen Menge zu erwerben.«[121]

Skifahren ist kein »Vergnügen«

Um Reisebedarf ganz anderer Art ging es bei Schmerzensgeldforderungen wegen entgangener Skiurlaubsfreude. Hierzu musste ein Amtsrichter Stellung nehmen, nachdem die Reise der Kläger durch einen Unfall abrupt endete.

Der Richter bezweifelte, dass eine Einbuße von Urlaubsfreude vorliege, wenn den Klägern verwehrt gewesen sei, Ski zu fahren. Vielmehr bringe Skifahren größere Risiken und Gesundheitsgefährdungen mit sich. Es müsse sogar bedacht werden, dass die Kläger durch die Verhinderung am Skifahren großen und sogar höchstwahrscheinlichen Gefahren (Knochenbrüche, Lawinenverschüttungen usw.) entgangen seien. Skifahren sei daher eher eine »Massenpsychose« als ein Vergnügen. Der Richter verwies die Kläger ferner darauf, sie hätten mit ihrem Zwangsaufenthalt in Bozen geradezu Glück gehabt, denn diese Stadt verfüge über eine »weit ausgreifende touristische Infrastruktur« und sei »weit schöner als das durch Tourismus bereits hoffnungslos zugrunde gerichtete Tal«, das die Kläger ansteuern wollten.[122]

Lutscher für betrunkene Krakeeler

Zur touristischen Infrastruktur gehört insbesondere die Gastronomie. Da bleibt nicht aus, dass gelegentlich Lärmbelästigungen vorkommen. Im Kampf gegen nächtliche Ruhestörer hat die Gemeindeverwaltung der südenglischen Kleinstadt Honiton eine unkonventionelle Maßnahme beschlossen: Betrunkene Krakeeler sollen künftig beim Verlassen von Pubs und Nachtbars Lutscher erhalten. Sie habe das unlängst bei einer Gemeinderatssitzung aus Jux vorgeschlagen, sagte die Stadträtin *Ruth Robson*. Ihre Idee sei offensichtlich auf Resonanz gestoßen. Es sei ja auch wirklich etwas dran: Mit einem Lolli im Mund lasse sich nun mal schlecht brüllen oder grölen. Die örtliche Polizei erhofft sich durch die Aktionen eine Kostendämpfung für das Stadtsäckel.[123]

Bei der Lutscher-Aktion hat die Gemeinde offensichtlich auf die Erfahrungen mit Säuglingen zurückgegriffen, weil schreiende Babys offensichtlich mit Lutschern oder damit vergleichbaren Schnullern rasch ruhiggestellt werden können.

Was verbirgt sich aber hinter dem Begriff Lutscher? Das Oberlandesgericht Köln kennt die Antwort:

»Die Ware »Lutscher« zeichnet sich nach natürlichem Verständnis und allgemeinem Sprachgebrauch gerade dadurch aus, dass der zu verzehrende bzw. zu lutschende oder schleckende Karamellteil auf einem Stiel aufgebracht ist. Der Stiel ist wesenstypisches Merkmal des Lutschers. Ohne einen solchen Stiel würde es sich nicht mehr um einen traditionellen Lutscher, sondern vielmehr um ein gewöhnliches Bonbon handeln.«[124]

Das Opernentgelt schließt nicht den Operngenuss ein

In die Kategorie des Freizeitrechtshumors gehört auch folgende Frage: Kann ein Opernbesucher Erstattung seiner Fahrtkosten nach A. und des Eintrittsgeldes verlangen, wenn er wegen Verspätung erst in der Pause eingelassen wird und er deshalb von einer Teilnahme absieht? Nach Auffassung des Amtsgerichts Aachen:

»… kann eine Anfahrt nach A. schlechterdings nicht vergebens sein, insbesondere… steht auch keinesfalls fest, dass es dem Kläger nicht doch noch gelungen ist, an dem besagten Abend sich in der umliegenden Gastronomie oder den übrigen Unterhaltungsstätten der A.-Innenstadt einen vergnüglichen Abend zu machen.

Wesentlich schwieriger ist jedoch die hier vorrangig interessierende Frage zu beantworten, ob der nicht in den Genuss der Aufführung gekommene Kläger das Eintrittsgeld zurückverlangen kann… Die Pflicht zum pünktlichen Erscheinen bei Aufführungsbeginn ist keine vertragliche Hauptpflicht… Kein Inhaber einer Opernkarte muss sich der Aufführung tatsächlich aussetzen, was sich schon an der guten alten Tradition des »Opernschläfchens« erweist, einer sanktionslosen möglichen Verweigerung des Kunstgenusses von schätzungsweise im Durchschnitt 10 % des Publikums. Richtigerweise ist das pünktliche Erscheinen des Opernbesuchers ähnlich wie das Antreten zu einer Operation, der Anprobe eines Maßanzugs oder einer Portraitsitzung auch keine Pflicht, sondern eine nicht einklagbare Gläubigerobliegenheit…

Vereitelt der Opernkarteninhaber durch Zuspätkommen (oder aber, um das Beispiel zu Kontrollzwecken weiterzuführen, durch Einschlafen) das Zustandekommen des Werkes,… darf der Veranstalter als billige Entschädigung für das Bereithalten eines geheizten und beleuchteten Saals sowie eines wohl präparierten Ensembles das vorausentrichtete Eintrittsgeld behalten. Wesentlich ist noch die Tatsache, dass der Annahmeverzug des Opernbesuchers… nicht schuldhaft sein muss…, es mithin nicht darauf ankommt, ob der Kläger möglicherweise Opfer der (absehbaren) Verzögerung bei seiner oder der Gattin Garderobenauswahl bzw. der (ebenso absehbaren) Parkplatznot in der Innenstadt von A. oder einer (unvorhergesehenen) Autopanne geworden sein sollte.«[125]

§ 13
Karnevalrechtshumor

Ist eine Terminierung am 11.11. um 11 Uhr 11 zulässig?

Eigentlich sollte auch die sog. fünfte Jahreszeit, die Fasnachts-, Fasnet- oder Faschingszeit in erster Linie dem Freizeitvergnügen sowie dem Frohsinn dienen und Heiterkeit verbreiten. Bei näherer Betrachtung ist dies jedoch nur teilweise der Fall, weil Karneval, jedenfalls aus juristischer Sicht, eher eine ernste Angelegenheit ist, wie schon die Notwendigkeit einer bekannten Karnevalsveranstaltung mit dem Namen »Wider den tierischen Ernst« zeigt. Vielmehr gilt für das Recht der Grundsatz: »Aschermittwoch geht´s bei den Juristen erst richtig los«.[126]

Das fängt schon bei der Frage an, ob ein Familienrichter befangen ist, wenn er zu Faschingsbeginn am 11.11. um 11 Uhr 11 einen Termin ansetzt. Eine Beteiligte zog aus dieser Terminwahl den Schluss, dass der Familienrichter die Rechtssache nicht ernst nehme und beschwerte sich. Das Oberlandesgericht München befand:

»Dass der abgelehnte Richter sich wegen der Dienstaufsichtsbeschwerde so ärgert, dass er nicht mehr unbefangen sein kann, kann gerade bei der Art von Humor, die der Richter – ob passend oder unpassend – bei der Terminierung gezeigt hat, ausgeschlossen werden. Eine Terminierung auf den

11.11., 11.10 Uhr wäre sicher auch von der Beklagten nicht beanstandet worden. Wenn sich der Richter denn einen kleinen Scherz erlaubt – auch wenn die Beklagte dies nicht so empfindet – und auf 11 Uhr 11 terminiert, so ist das für eine vernünftig denkende, gelassene Partei kein Grund, an der Unvoreingenommenheit des Richters in der Sache selbst zu zweifeln. Die Annahme, dass der Richter mit der Terminierung um 11 Uhr 11 die Beklagte veräppeln wollte, ihre Menschenwürde mit Füßen getreten hat und den Streit als närrisch empfindet – wie die Beklagte meint – ist abwegig. Derartige Überempfindlichkeiten können im Ablehnungsverfahren nicht berücksichtigt werden. Etwas Humor, zumindest aber Gelassenheit, kann auch von den Streitparteien einer Familiensache erwartet werden.«[127]

Sind Karnevalsakteure steuerrechtliche Unternehmer und Künstler?

Gelassenheit ist ferner angesagt, wenn es um die steuerrechtliche Einordnung von Aktivitäten während der Karnevalszeit geht. So musste sich der Bundesfinanzhof mit der Frage befassen, ob Karnevalisten steuerrechtlich als Unternehmer zu qualifizieren sind. Er kam zu dem Ergebnis, Karnevalsprinzen seien Unternehmer, und ihre Bemühungen um die Pflege des Frohsinns seien nicht der Privatsphäre zuzuordnen. Das gelte zumindest dann, wenn der Prinz, wie üblich, zur Finanzierung seines Amtes eine »Prinzenbroschüre« herausgebe und in dieser gegen Entgelt Werbeanzeigen veröffentliche. Der Senat wörtlich:

»Der Karnevalsprinz übt durch die Akquisition von Werbeanzeigen und deren entgeltliche Veröffentlichung in der Prinzenbroschüre sowie durch den Verkauf derselben eine selbständige, nachhaltige Tätigkeit zur Erzielung von Einnahmen aus.«

Trotz der kurzen Karnevalszeit sei seine Tätigkeit nachhaltig und deshalb unternehmerisch, weil er

»innerhalb der kurz bemessenen Zeit durch die Akquisition der großen Anzahl von Werbeanzeigen planmäßig, wiederholt und intensiv am Marktgeschehen teilnimmt… Die vom Prinzen in Ausübung seines Amts bezogenen Leistungen sind wirtschaftlich seinem unternehmerischen Bereich zuzuordnen, was auch für Bewirtung und Empfänge gilt. Zwar ist die Verpflegung grundsätzlich der umsatzsteuerrechtlich irrelevanten Privatsphäre des Unternehmens zuzurechnen. Ein Leistungsbezug für sein Unternehmen ist aber u. a. zu bejahen, wenn es sich um die Bewirtung für Zwecke des Unternehmens handelt… Diese Voraussetzungen erfüllen… die Bewirtung und Empfänge durch den Kläger.«

Hingegen hat der Bundesfinanzhof einen umsatzsteuerpflichtigen »Eigenverbrauch« des Prinzen an Bekleidung und Ausstattung verneint, weil Karnevalskleidung nur im Karneval getragen werde. Auch dass erfahrungsgemäß die Auftritte eines Karnevalsprinzen nicht ganz unwesentlich der Befriedigung des privaten Repräsentationsbedürfnisses diene, rechtfertige es nicht, die Verwendung der Bekleidung und der Ausstattung als Eigenverbrauch zu erfassen.«[128]

Zum Schlipseabschneiden an Weiberfasnacht

Ein, wenn nicht der Höhepunkt in der Karnevalszeit ist die sogenannte Weiberfasnacht. An diesem Tag existiert u. a. die Gepflogenheit, dass Frauen den Männern die Schlipse abschneiden. An diesem karnevalistisch traditionsreichen Tag betrat der gepflegt gekleidete und eine Krawatte tragende Kläger ein Reisebüro in einem Einkaufszentrum. Sofort eilte die Beklagte auf den Kläger zu und schnitt ihm, ohne ihn zu fragen, die Krawatte ab. Das Amtsgericht hat die Beklagte zur Zahlung von 40 DM verurteilt. Weshalb?

»Die Beklagte hat das Eigentum des Klägers an der Krawatte verletzt… Dieses Verhalten ist auch rechtswidrig gewesen. Dabei kann dahinstehen, ob aus Gründen der Sozialadäquanz, des verkehrsrichtigen Verhaltens ausnahmsweise die Rechtswidrigkeit der Eigentumsverletzung nicht indiziert wird, da die Beklagte bei ihrem Tun unstreitig bewusst und damit vorsätzlich… gehandelt hat. In diesem Fall ist aber nach der herrschenden Rechtsprechung… unzweifelhaft, dass nicht aus Gründen der Sozialadäquanz dem verwirklichten Erfolg der Unrechtsgehalt abgesprochen werden kann. Rechtfertigungsgründe standen im Übrigen der Beklagten nicht zur Seite. Unstreitig geschah die Zerstörung der Krawatte ohne Einwilligung des Klägers. Auch für die Annahme einer mutmaßlichen Einwilligung ist kein Raum. Denn eine mutmaßliche Einwilligung im Zivilrecht kommt nur dann als Rechtfertigung in Betracht, wenn das betroffene Opfer nicht in der Lage ist, ausdrücklich die Einwilligung selbst zu erklären. Dies ist aber offensichtlich nicht der Fall gewesen.«[129]

Im Übrigen gibt es Juristen, die »Weiberfastnacht« als die größte Diskriminierung des männlichen Geschlechts bezeichnen. Zu diesem Ergebnis gelangte der ehemalige karnevalsfreudige Präsident des Landgerichts Münster, *Helmut Proppe*, mit folgender Überlegung:

»Dabei heißt es ausdrücklich in Artikel 3 Abs. 2 Satz 1 des Grundgesetzes, dass Männer und Frauen gleichberechtigt sind, und in Absatz 3 Satz 1, dass niemand wegen seines Geschlechts benachteiligt werden darf. Versuchen sie aber einmal als Mann an Weiberfastnacht in eine Damensitzung hineinzugelangen! Dafür werden Sie aber schon am Morgen an Weiberfastnacht oder am »schmutzigen Donnerstag«, wie es in südlichen Regionen heißt, das Opfer einer Straftat nach § 303 Strafgesetzbuch (vorsätzliche Sachbeschädigung). Ohne Rücksicht auf Verluste verliert ihr mehr oder weniger wertvoller Schlips nach und nach an Länge. Es heißt zwar, die Tat sei nicht rechtswidrig, weil von einer Einwilligung des betroffenen Manns auszugehen sei. Nach einer Einwilligung gefragt hat mich aber noch niemand.«

Zu Recht geht der Richter aber davon aus, dass die Verfolgung des Schlipseabschneidens als Sachbeschädigung einen Strafantrag voraussetzt. Dazu komme es jedoch in den meisten Fällen nicht. Der Grund: Die Damen arbeiten an Weiberfastnacht mit einem durchschlagend wirkenden Trick. Sie besänftigen die betroffenen Männer unmittelbar nach der Kürzung der Krawatte, indem sie an die Opfer obligatorische Küsse verteilen. Bekanntlich kann kein Mann einer so süßen Geste widerstehen![130]

Lärm an Karneval ist ein seltenes Störereignis

Karneval ist üblicherweise mit Lärm verbunden. Deshalb ist gelegentlich zu klären, was den Anwohnern zugemutet werden kann, wobei der jeweils hinzunehmende Lärmpegel regional durchaus unterschiedlich ausfällt.

Nach Ansicht des Verwaltungsgerichts Koblenz können Karnevalsfeiern Vorrang vor dem Wunsch nach einer ungestörten Nachtruhe haben. Insbesondere im Rheinland sei der Karneval ein wesentlicher Bestandteil des heimatlichen Brauchtums, weshalb auch ein Interesse der Allgemeinheit an der Durchführung der Veranstaltung bestehe.[131]

In diese Richtung votierte auch das Verwaltungsgericht Frankfurt am Main hinsichtlich der Lärmbelästigung durch Fasnachtsumzüge. Der dazu ergangene Leitsatz lautet:

»Die mit einem drei- bis vierstündigen Fasnachtsumzug einhergehenden Geräuschemissionen sind wegen ihrer kurzen Dauer nicht geeignet, schädliche Umwelteinwirkungen i. S. des § 3 Absatz 1 des Bundesimmissionsschutzgesetzes herbeizuführen. Dabei eventuell auftretende Lärmspitzen von über 70 dB (A) sind hinzunehmen.«

Um eventuellen Missverständnissen über die Bedeutung und den Rang von Fastnachtsumzügen für die örtliche Bevölkerung vorzubeugen, stellte das Gericht ferner unmissverständlich fest:

»Denn mit der Ausrichtung des Fasnachtsumzugs und der Begleitveranstaltung wird eine hoheitliche Aufgabe im Bereich der örtlichen Daseinsvorsorge vorgenommen.«[132]

Karnevalsumzüge sind gefährlich

Karnevalsumzüge können nicht nur geräuschintensiv, sondern auch gefährlich sein. Das liegt u. a. daran, dass Gerichte die Messlatte für das entschädigungslos hinzunehmende Lebensrisiko während der närrischen Zeit ziemlich hoch hängen. So verweigerte etwa das Amtsgericht Eschweiler einer Klägerin die Zahlung von Schmerzensgeld, obwohl sie während eines Umzugs von einem Karnevalswagen aus mit einer zu einem »eisharten Geschoss erfrorenen Tulpe« beworfen worden war und dadurch eine Augenverletzung erlitt. Das Amtsgericht wörtlich:

»Sozial übliches, allgemein geduldetes, anerkanntes und sogar gefördertes Verhalten wie das Werfen kleiner, nicht grundsätzlich gefährlicher Gegenstände von einem Karnevalszug in die Zuschauermenge ist erlaubt. Die hiervon ausgehenden Gefahren sind nämlich relativ gering, diese Art der Vergnügung gehört zu altem rheinischen Brauchtum und schließlich kann sich jeder Zuschauer wirksam dagegen schützen.«[133]

Zur Bestimmung der Karnevalszeit in Köln

Die »tollen« Tage beschäftigen auch die Arbeitsgerichte, die sich aber mangels Legitimation oder akzeptiertem Gewohnheitsrecht weder auf das »Kölsche BGB« noch »et Kölsche Jrundjesetz« berufen dürfen, sondern auch für diesen Zeitraum allgemeine arbeitsrechtliche Grundsätze anwenden müssen.

In einem Fall wollte eine Arbeitnehmerin in ihrem Arbeitszeugnis gern bestätigt haben, dass sie als Servicekraft vornehmlich während der Karnevalszeit viel zu tun hatte. Ihr Arbeitgeber sah das anders, weil die Servicekraft nur am Freitag und Samstag nach Weiberfastnacht gearbeitet habe. Er begründete seine ablehnende Haltung damit, Karneval in Köln finde nur an Weiberfastnacht, Rosenmontag und Aschermittwoch nicht aber an den dazwischenliegenden Tagen Freitag und Samstag statt. In dieser Zeit gehe selbst in der Karnevalshochburg Köln alles seinen gewohnten Gang. Das Arbeitsgericht Köln war mit dieser tageweisen Aufteilung nicht einverstanden und befand im Interesse aller »Jecken«, dass sich die Hochzeit des Kölnischen Karnevals auf die gesamte Zeitspanne von Weiberfastnacht bis Aschermittwoch erstrecke.[134]

»Treue Husaren« als »Knallzeugen«

Weiberfastnacht ist ferner straßenverkehrsrechtlich relevant, wie die folgende Entscheidung belegt. Am Weiberfastnachtstag befuhr die Zeugin S gegen 14:00 Uhr mit dem Kleinbus des Klägers voller »Treuer Husaren« in voller Montur die linke Fahrspur der A. Straße, um nach rechts in die St. Straße einzubiegen. Dabei kam es zu einem Zusammenstoß mit dem PKW der Beklagten, für den der Kläger 1900 DM Schadensersatz forderte. Dazu führte das Amtsgericht Köln als erste Instanz aus:

»Die »Treuen Husaren« G., K., M. und W. haben zwar in historisch bewährter Einmütigkeit der Beklagten die Schuld an dem Verkehrsunfall in die Schuhe geschoben, obwohl diese ein Mädchen war und damit schon nach Cöllnischem Recht an Wieverfastelovend, dem von Gastwirtsgewerbe tüchtig geförderten Vorkarneval, die Vorhand und das Recht hatte (vgl. dazu *Adam Wrede*, Volk am ewigen Stromband I 1935, S. 298). Dem Gericht schienen jedoch die Aussagen ausnahmsweise nicht verlässlich. Einmal drängte offenbar besondere Eile... um den nächsten Kriegsschauplatz zu erreichen. Denn: Husaren beten um Krieg und der Doctor ums Fieber (Die deutschen Sprichwörter, gesammelt von *Karl Simrock*, Frankfurt, 1846, Nr. 5144)... Vielleicht geschah dies alles, weil die Beklagte... den Nachweis nicht erbringen konnte, des richtigen Umgangs mit Kölsch gewohnt zu sein, den man zugunsten der »Treuen Husaren« unterstellen muss«.

Die Berufung des Klägers bei dem Landgericht Köln hatte keinen Erfolg.

»Die Kammer hütet sich indes vor der Annahme, dass allein die Tatsache die Unglaubwürdigkeit der Zeugin indiziert, dass sie als Mitglieder der Karnevalsgesellschaft »Treue Husaren« an Wieverfastelovend im Bus waren. Es ist nämlich gerichtsbekannt, dass – abweichend von den Überzeugungen mancher Nichtrheinländer – Karneval in Köln eine todernste Sache ist, die keineswegs leicht genommen werden darf...

Für diese Ungenauigkeiten der Wahrnehmung des Unfallhergangs und der Wiedergabefähigkeit sprechen hingegen manche Argumente, die es zu leugnen wiederum mit dem Charakter einer fröhlichen Busfahrt zu Wieverfastelovend nicht recht in Einklang zu bringen sind. Bei derlei Gelegenheiten nämlich pflegt man – das ist einer der Zwecke der

Fahrt – Alkohol zu sich zu nehmen, um sich munter zu unterhalten und zu verlustieren. Die Aufmerksamkeit ist dann zwangsläufig nicht mehr so recht auf das Verkehrsgeschehen gerichtet, das vorne und seitlich eher wie eine Art Panorama abrollt, ohne tiefer ins Bewusstsein zu dringen. So nimmt es nicht wunder, dass, wie es schon bei (14, 56) zutreffend heißt, manche der Aussagen der Businsassen nicht mit *Markus* übereinstimmen… Angesichts der Widersprüchlichkeiten der Aussagen… liegt die Vermutung nahe, dass keiner von ihnen das Unfallgeschehen richtig beobachtet hat…, dass es sich als um eine Kategorie von Zeugen handelt, die man etwas vereinfacht, aber dennoch nicht ganz unzutreffend, als Knallzeugen bezeichnet…«[135]

§ 14
Eherechtshumor

Eintritt in die Ehe auf plattdeutsch?

Mundart und Brauchtum sind keine Kölner Spezialität. Sie spielen sogar in der norddeutschen Tiefebene eine Rolle, insbesondere wenn plattdeutsch angesagt ist. In Bremen war die Frage aufgetaucht, ob Landeskinder eine Ehe auch auf plattdeutsch schließen können. Nach deutschem Recht setzt ein verbindliches Eheversprechen voraus, dass die Eheleute nach § 1311 Satz 1 BGB eindeutig vor dem Standesbeamten erklären, dass sie die Ehe miteinander eingehen wollen. Diese Willenserklärung wird üblicherweise mit der Formulierung »Ja, ich will« zum Ausdruck gebracht (s. etwa die Überschrift des Leitfadens für Heiratswillige, herausgegeben von dem Ministerium für Familie, Frauen usw. in Rheinland-Pfalz, Stand 7/2019).

Der Bremer Innensenator hat nach eingehender Vorprüfung durch das Institut für niederdeutsche Sprache die plattdeutsche Variante der Eheschließung für rechtens befunden und einem Anfragenden dazu mitgeteilt, dass:

»Wer Jau seggt, verheirot is.«

Mit anderen Worten. Bremer Heiratskandidatinnen und -kandidaten dürfen – unabhängig von der Vorschrift des § 23 Abs. 1 VwVfG, demzufolge die Amtssprache deutsch ist, in

Zukunft ihren Bindungswillen auch durch ein kräftiges »Jo«, »Jau« oder sogar (für Kenner der plattdeutschen Sprache unmissverständlich) »dat will ick« kundgeben. Zur Begründung bezog man sich im Bremer Innenministerium auf gute hanseatische Traditionen. Früher nämlich, so habe ein Blick in die »kloken Böker« (klugen Bücher) gezeigt, seien auch auf Senatorenebene alle Probleme der Stadt auf plattdeutsch geregelt worden.«[136]

Zur Eigentumsvermutung einer Halskette in einer Normalehe

Nach erfolgreicher Eheschließung kann es während einer Ehe durchaus zu kaum glaubhaften gerichtlichen Auseinandersetzungen über das Eigentum bestimmter Gegenstände kommen. So musste ein Gericht darüber urteilen, unter welchen Voraussetzungen eine Damenhalskette ausschließlich zum persönlichen Gebrauch der Ehefrau bestimmt ist. Nach § 1362 Abs. 2 BGB wird für die ausschließlich zum persönlichen Gebrauch eines Ehegatten bestimmten Sachen im Verhältnis der Ehegatten zueinander vermutet, dass sie dem Ehegatten gehören, für dessen Gebrauch sie bestimmt sind. Was ist aber, wenn der Ehemann behauptet, er habe die Damenhalskette seiner Ehefrau nicht geschenkt, sondern ihr nur zeitweilig zur Nutzung überlassen? Jedenfalls kommt es nach Ansicht des Gerichts nicht darauf an, in wessen Hände der Juwelier die Halskette legte, als die Parteien sie gemeinsam abholten, vor allem dann, wenn der Ehemann die Halskette bezahlt. Vielmehr sei bei einer Interpretation des § 1362 Abs. 2 BGB Folgendes zu beachten:

»Die Beweislast für die persönliche Gebrauchsbestimmung trifft den Ehegatten, der das Eigentum für sich in Anspruch nimmt... Ein Erfahrungssatz des Inhalts, dass in einer Normalehe Frauenschmuck in der Regel zum ausschließlich persönlichen Gebrauch der Ehefrau bestimmt ist, kann nach der Rechtsprechung des Bundesgerichtshofs nicht in so allgemeiner Bedeutung Geltung beanspruchen, dass er zu einer Umkehr der Beweislast führen würde... Mithin kann der Beweis, dass ein Schmuckstück ausschließlich zum persönlichen Gebrauch der Ehefrau bestimmt sei... nur dann als erbracht angesehen werden, wenn die besonderen Umstände des Einzelfalles diese Annahme bestätigen... Gegen diese Annahme spricht eher die Tatsache, dass die Klägerin die Kette nur zu besonders festlichen Anlässen trug. Auch die Kostbarkeit der Kette als solche erlaubt den Schluss, dass sich ihr Zweck nicht darin erschöpfte, ausschließlich zum persönlichen Gebrauch der Klägerin zu dienen, sondern dass die Kette – über ihre natürliche Beschaffenheit als Frauenschmuckstück hinaus – für den Beklagten eine eigene Bedeutung als ein für die Absicherung der Familie bedeutsamer Vermögenswert behielt und damit nicht von der Eigentumsvermutung des § 1362 Abs. 2 BGB erfasst wurde.«[137]

Zum Trennungsunterhalt nach Revolverschüssen auf den Ehemann

Kommt es deshalb oder aus anderen Gründen zu einer Scheidung, dann wird gelegentlich über die Zahlung von Trennungsunterhalt gestritten. In einem außergewöhnlichen Fall ging es darum, ob die erheblichen regelmäßigen Skatgewinne des Beklagten zum unterhaltsrechtlich relevanten Einkommen gehören, verbunden mit der Frage, ob die Klägerin ihren Unterhaltsanspruch wegen dreier Revolverschüsse auf den Beklagten verwirkt habe. Hier ist die Antwort des Oberlandesgerichts Düsseldorf:

»Der Beklagte macht eingestandenermaßen Gewinn, weil er offensichtlich besser spielt als seine Mitspieler. Damit wird dem Beklagten keineswegs angesonnen, auch in Zukunft nach einem 8-Stundentag weiterhin in den »Skat-Club« zu gehen, um Nebeneinnahmen zu erzielen. Es steht ihm frei, diese Tätigkeit jederzeit einzuschränken oder aufzugeben. Solange er aber Skatgewinne macht, sind die daraus resultierenden Einnahmen anzurechnen. Diese Einnahmen... haben also die ehelichen Lebensverhältnisse geprägt.«

»Die Klägerin hat ihre Unterhaltsansprüche nicht verwirkt. Es ist unstreitig, dass die Klägerin... dreimal mit einem Revolver (Kaliber 4 mm) auf den Beklagten geschossen hat. Der Beklagte ist hierbei leicht verletzt worden... Die uneingeschränkte Inanspruchnahme des Beklagten ist aber dennoch nicht grob unbillig, da er selbst den Vorfall... nicht als schwerwiegend angesehen hat.«

»Der Zeuge hat bekundet, dass der Beklagte unmittelbar nach den Schüssen einen gelassenen Eindruck gemacht und sogar scherzend erklärt habe, dass er ein Projektil aus einer solchen kleinkalibrigen Waffe mit den Zähnen auffange… Auch die Tatsache, dass der Beklagte der Klägerin nach der Trennung noch freiwillig Unterhalt gezahlt und sich auch im ersten Rechtszug nicht auf die Schüsse berufen hat, lässt nur den Schluss zu, dass er den Vorfall… nicht als gravierend empfunden hat.«[138]

Zum Umgangsrecht mit dem Hund

Nach der Trennung von Ehepartnern werden häufig Entscheidungen über die Aufteilung des Hausrats getroffen. Gehört zum Hausrat ein Hund, ist zwischen den Geschiedenen oft umstritten, ob und inwieweit der Ehegatte, der den Hund nicht erhalten hat, berechtigt ist, mit dem Hund zu bestimmten Zeiten zusammen zu sein. In dem nachfolgenden Fall wurde zunächst folgender Vergleich geschlossen:

»Der Antragsteller hat das Recht, den Hund W, der sich bei der Antragsgegnerin befindet, zweimal monatlich zu sich zu nehmen und mit ihm zusammen zu sein und auch zu spazieren zu gehen. Die Begegnungen zwischen dem Antragsteller und dem Hund finden jeweils am 1. und 3. Donnerstag eines jeden Monats in der Zeit von 14.00–17.00 Uhr statt.«

Die Antragsgegnerin widerrief den Vergleich mit der Begründung, bei der Ausübung des Umgangsrechts… müsse sich W in seinen Bezugspersonen hin- und hergerissen vorkommen. Das Gericht hat daraufhin einen tiermedizinischen Sachverständigen zur Frage gehört, welche tierpsychologischen Auswirkungen die widerrufene Regelung auf den Hund W hätte.

»Dabei hat der Sachverständige u. a. ausgeführt, tierpsychologische Schwierigkeiten bei der Erfüllung der ursprünglich gefundenen einvernehmlichen Regelung könne es für den Hund eindeutig nicht geben... gegen ein stundenweises Zusammensein mit dem Antragsteller bestünden keine Bedenken.«

Dieses Votum reichte dem klugen Amtsrichter aber nicht aus. Er wollte ganz sichergehen und ließ den Hund W bei der Verhandlung selbst entscheiden. Das während des Termins gezeigte Verhalten des Hundes fasste der Richter in dem folgenden Satz zusammen:

»Im Übrigen erwies sich in der mündlichen Verhandlung, dass der Hund W., nachdem er von der Leine genommen war, sich sofort zielstrebig zum Antragsteller begab, sich von diesem bereitwillig auf den Schoß nehmen ließ und dort deutliche Zeichen des Wohlbefindens von sich gab, z. B. leckte er das Gesicht des Antragstellers mehrfach.«

Ferner führte der offensichtlich erfahrene Amtsrichter aus, die gefundene »Umgangsregelung«, wie sie sonst bei Kindern angewendet werde, schade dem Hund und seinem Wohlbefinden nicht. Sie sei vielmehr sogar nach den Beobachtungen in der mündlichen Verhandlung durchaus geeignet, das weitere Wohlbefinden des Hundes zu fördern.«[139]

Diese Auslegung ging dem Oberlandesgericht Schleswig in einem anderen Verfahren entschieden zu weit. Danach übersteigt es

»die Grenzen zulässiger Auslegung, das Wohlbefinden eines Hundes zum Anlass zu nehmen, ein gesetzlich nicht vorgesehenes »Umgangsrecht« für Tiere zu schaffen. Das dem Richter gemäß § 2 HausratsVO eingeräumte Ermessen hat sich an dem Gesetzeszweck der Hausratsverordnung zu orientieren, durch richterliche Gestaltung eine endgültige Verteilung des Hausrates herbeizuführen. Ein gegen den Gesetzeswortlaut geschaffenes Umgangsrecht für Tiere widerspricht dem eindeutigen Gesetzeszweck, da es geeignet ist, weitere Streitigkeiten über die Ausgestaltung und Einhaltung des Umgangsrechts hervorzurufen.«[140]

»Getrenntleben« im Ehebett ist möglich!

Ehescheidungen wirken sich nur auf den Hausrat und die dazu gehörenden Tiere aus. Sie betreffen vor Allem die bislang gemeinsam genutzte Wohnung. Die zur Scheidung entschlossenen Eheleute E konnten sich aus finanziellen Gründen keine getrennten Wohnungen leisten. Sie waren ferner wegen Platzmangels außerstande, das Schlafzimmer aufzuteilen. Deshalb benutzten sie weiterhin gemeinsam das eheliche Bett in dem übereinstimmenden Willen, es im Ehebett nicht zu Gemeinsamkeiten kommen zu lassen. Zur Rechtfertigung dieses Vorgehens beriefen sich die Eheleute auf den nachfolgend zitierten § 1567 Abs. 1 Satz 2 BGB:

»Die häusliche Gemeinschaft besteht auch dann nicht mehr, wenn die Ehegatten innerhalb der ehelichen Wohnung getrennt leben.«

Das Amtsgericht Fronhausen an der Lahn gab den Parteien aus den nachfolgenden Gründen Recht:

»Zur Überzeugung des Gerichts steht fest, dass die Parteien das gemeinsame Lager nicht zum Vollzug des ehelichen Verkehrs gebraucht haben. Das Gericht hat ferner durch Augenschein festgestellt, dass das fragliche Bett nach seiner Konstruktion dem Getrenntleben keine Hindernisse bereitet hat. Bei dem Bett handelt es sich um ein solches Bett, das nach dem Sprachgebrauch der Gerichtseingesessenen ein sogenanntes »Gräbele« aufweist. Das heißt einen Schlitz, welcher auch für das Auge sichtbar, die beiden je aus einer gesonderten Liegestatt bestehenden Teile des Bettes voneinander trennt. Die Breite der Ritze beträgt mehr als eine Handbreite. Beide Liegestätten bilden eine je getrennte Einheit. Jedes Teilbett… besteht aus einem metallenen Rost, auf dem je drei Roßhaarmatratzen aufliegen. Auf jede durch die Rosshaarmatratzen gebildete Liegefläche muss ein je getrenntes Leintuch aufgelegt werden. Ferner verfügt jeder Schläfer über ein eigenes Kopfkissen und ein eigenes Deckbett. Damit kann jeder Ehegatte bei verständiger, das Wesen des Ehebettes richtig würdigender Betrachtungsweise sein Bett ungestört und unabhängig vom anderen benutzen… Das Gericht ist überzeugt, dass die Parteien das »Gräbele« streng respektieren. Ein gelegentliches, im Schlaf erfolgtes und von den Parteien eingeräumtes Hineinragenlassen der großen Zehe des einen oder anderen Ehegatten in das je andere Bett steht der Annahme des Getrenntlebens schon deshalb nicht entgegen, weil es als im Schlaf erfolgte nicht willensgetragene menschliche Aktivität bei richtiger Betrachtungsweise den juristischen Handlungsbegriff nicht zu erfüllen vermag.«[141]

Nach diesem Urteil ist jedoch auch ziemlich klar, dass nur Betten mit einem feststellbaren »Gräbele« oder eine Bettritze überhaupt geeignet sind, ein Getrenntleben im Ehebett zu bejahen. Hingegen dürfte ein Getrenntleben in einem französischen Bett nach dieser Entscheidung ausgeschlossen sein.[142]

Der verprügelte Liebhaber hat keinen Schmerzensgeldanspruch

Die fundamentale Bedeutung des Ehebettes kommt ferner dann zum Tragen, wenn der Ehemann nach seiner Nachtschicht im ehelichen Schlafzimmer seine Ehefrau mit einem Liebhaber antrifft, den er im Zorn verprügelt. Dem Liebhaber genügten die vorangegangenen Zärtlichkeiten der Ehefrau nicht als ausreichende Kompensation. Vielmehr verlangte er Schmerzensgeld. Zu Recht? Das Landgericht Paderborn sah die Sache so:

»Zwar ist die Ehe als solche nicht gewaltsam schützbar und der Beklagte (Ehemann) letztlich auch nicht davor zu schützen, dass seine Ehefrau durch die Beziehung zu einem anderen Partner aus der Ehe herausdrängt... Es macht aber einen erheblichen Unterschied, ob sich der Ehebruch an irgendeinen anderen Ort oder im Schlafzimmer der Ehewohnung vollzieht. Hier ist offenbar ein besonderes Maß an

Hemmungslosigkeit und Unverfrorenheit gegenüber dem Beklagten, wenn sich dessen Ehefrau und der Kläger – wie geschehen – zu diesem Zweck in die Ehewohnung begeben… Dieses Verhalten geschah auch unter Ausnutzung des Umstandes, dass der Beklagte im 24-Stunden Schichtdienst auf seiner Arbeitsstelle zu sein hatte. Der Argumentation der Berufungsbegründung, dass der Kläger nicht damit zu rechnen brauchte, dass der ihm als pflichtbewusster Arbeitnehmer bekannte Beklagte seine Arbeitsstelle verlassen würde und dass gerade deshalb das Mitverschulden des Klägers besonders gering sei, vermag die Kammer daher nicht zu folgen. Vielmehr musste dem Beklagten, als er den Kläger dennoch in flagranti stellte, schlagartig klar werden, wie berechnet dieser auch die Arbeitsbedingungen schamlos und in nicht zu überbietender Dreistigkeit ausnutzte.

Eine besondere Genugtuung kann der Kläger demnach vom Beklagten schlechterdings nicht verlangen… Der Schmerzensgeldanspruch dient grundsätzlich nicht dem Zweck, demjenigen, der in eine fremde Ehe eindringt, hierbei im ehelichen Schlafzimmer in flagranti gestellt wird und dann einem zu erwartenden körperlichen Angriff des Ehemannes ausgesetzt wird, hierfür noch eine Genugtuung in Form eines Schmerzensgeldes zu verschaffen.«[143]

Schmerzensgeld für dicke Lippe am Hochzeitstag?

Diese Genugtuung widerfuhr jedoch einem 24 Jahre alten Kraftfahrer, dem ein Bayerisches Amtsgericht 2000 Mark Entschädigung für entgangene Hochzeitsfreuden zubilligte. Der Kläger war vier Tage vor der Trauung schuldlos in einen Verkehrsunfall verwickelt worden und hatte noch am Hochzeitstag unter den Auswirkungen des Unfalls zu leiden. Da die Feier schon organisiert war – 140 Gäste waren geladen, Pfarrer, Fotograf, Wirtshaussaal und Essen bestellt –, musste der Bräutigam mit Schürfwunden und Prellungen an den Knien sowie einer auf das Dreifache ihres Normalumfangs angeschwollenen Unterlippe vor den Traualtar treten. Das Gericht begründete das Urteil damit, dass der Hochzeitskuss entfallen musste und der Bräutigam vor dem Traualtar nur sitzen und nicht knien konnte. Außerdem habe der Mann auf den Hochzeitstanz verzichten müssen und er war nicht in der Lage, seine Braut über die Schwelle zu tragen.[144]

Eheliche Pflichten rüstiger Pensionäre

Wenn es eine Ehe bis zum Pensionsalter des Ehemanns geschafft hat, stellt sich jedenfalls für bis dahin nicht arbeitsteilig organisierte und gleichberechtigt funktionierende Haushalte die Frage, ob und inwieweit sich die Haushaltspflichten des Ehemannes nach dem Ende der Berufstätigkeit ändern. Der Bundesgerichtshof hat dazu zwar vor längerer Zeit eine zukunftsweisende, in vollem Umfang der Gleichheit von Mann und Frau entsprechende Entscheidung getroffen. Es bleibt aber offen, ob es sich dabei um ein kluges Urteil handelt, weil es geeignet ist, im Einzelfall den Ehefrieden nicht zu fördern, sondern zu beeinträchtigen. Der Gerichtshof hat dazu ausgeführt:

»Einer besonderen Betrachtung bedarf aber die Pflicht zur Mithilfe im Haushalt bei nicht mehr im Berufsleben stehenden Personen. Das Berufungsgericht hat daher an sich zu Recht auch zwischen der Zeit der beruflichen Tätigkeit des Klägers und der Zeit nach seiner Pensionierung unterschieden. Für die letztere ist aber wieder verkannt, dass nicht mehr tätige, aber noch rüstige Ehemänner auch in bürgerlichen Verhältnissen in besonderem Maße ihre Ehefrauen bei der Hausarbeit zu entlasten pflegen. Diese in weiten Bevölkerungskreisen bestehende Übung entspricht auch der heutigen Auffassung von der Ehe, mit der es unvereinbar ist, dass ein im Ruhestand lebender Mann seine Frau bis ins hohe Alter alle Arbeiten allein überlässt und er selbst untätig zuschaut.«[145]

Der Pantoffelheld

Allerdings müssen die ehelichen Pflichten nicht so weit gehen, dass der Ehemann zum Pantoffelhelden wird, wie die folgende Kurzgeschichte zeigt.

Die Frau Gemahlin des Herrn Landgerichtsrat N beschwert sich bei ihrem Mann, dass die Frau Landgerichtsrat R sie nicht in der dem jüngeren Dienstalter ihres Mannes entsprechenden zuvorkommenden Weise grüßt und veranlasst ihren Mann, durch einen Brief den Herrn Landgerichtsrat R aufzufordern, auf seine Frau in entsprechender Weise einzuwirken. Herr Landgerichtsrat R beantwortete das Schreiben in folgender Weise:

»Mir leider unmöglich, stehe auch unter dem Pantoffel.«[146]

§ 15
Tierrechtshumor

Der Grasdiebstahl der Schafe

Schon bei der Gattung »Eherechtshumor« spielte der Umgang mit Tieren eine Rolle. Aber nicht nur Hunde geben Anlass zu vielfältigen juristischen Auseinandersetzungen, sondern auch Schafe, wie der folgende Fall vor Augen führt.

»Ein Schäfer zog seit vielen Jahren mit durchschnittlich 600–800 Schafen durch Nordbaden. Ihm wurde vorgeworfen, er habe fremde Wiesen unerlaubt abgeweidet und dadurch Diebstahl in fortgesetzter Handlung begangen. Das wäre zu bejahen, wenn der Schäfer einem anderen eine fremde bewegliche Sache in der Absicht weggenommen hätte, sich dieselbe rechtswidrig zuzueignen (§ 242 StGB). Ist aber Gras, abgesehen vom Wuchsvorgang und den Windbewegungen eine bewegliche Sache? Das Landgericht Karlsruhe sieht die Sache so:

»Ursprünglich handelt es sich bei dem Gras nicht um eine bewegliche Sache, da es fest mit dem Boden verbunden war. Es sind jedoch auch Teile von unbeweglichen Sachen als beweglich anzusehen, wenn sie losgelöst und beweglich gemacht werden… Bei dem Vorgang des Abfressens werden die Halme zunächst vom Boden abgetrennt und dadurch zu beweglichen Sachen i. S. des § 242 StGB. Die Geschädigten hatten auch Gewahrsam an dem Gras bzw. an den Klee auf ihren Grundstücken. Der Bruch des Gewahrsams und die Begründung neuen Gewahrsams durch den Angeklagten ist darin zu sehen, dass die Schafe sich Gras und Klee einverleibt haben. So hat das Oberlandesgericht Köln (Neue Juristische Wochenschrift 1986, S. 392) entschieden, dass derjenige, der in einem Selbstbedienungsladen eine Flasche öffne und daraus trinke, den Gewahrsam an dem Getränk deshalb inne habe, weil er in dem Augenblick des Trinkens der Inhaber des Ladens von dem Gewahrsam an dem im Mund des Täters befindlichen Teil des Getränks ausgeschlossen werde, da es in diesem Augenblick nach der Lebensauffassung eindeutig der Herrschaftssphäre des Täters zuzuordnen sei. In dem Moment, in dem das Getränk heruntergeschluckt werde, habe es die Eigenschaft als selbständige Sache verloren. Übertragen auf den vorliegenden Fall bedeutet das, dass die Herrschaftsmacht des bisherigen Gewahrsamsinhabers in dem Moment, indem die Schafe das Gras vom Boden abgerissen und im Maul hielten, aufgehoben war, da seine Einwirkungsmöglichkeiten auf das Gras damit nicht mehr bestanden.«

Mit diesen vergleichenden Tier-Mensch-Überlegungen ist aber noch nicht geklärt, ob und wie der Schäfer neuen Gewahrsam an dem Gras und Klee begründet hat? Das Gericht hat dazu ausgeführt:

»Indem die Schafe das Gras vom Boden abrissen und im Maul hielten, hat der Angeklagte es zwar selbst nicht ergriffen; da ihm jedoch die Schafe als Werkzeuge und damit quasi als »verlängerter Arm« fungierten, ist ihm deren »Inbesitznahme« über Gras und Klee zuzurechnen.«[147]

Hühner sind keine Maulwürfe

Ist aber auch einem Geflügelhalter die Behauptung zuzurechnen, seine Hühner hätten eine Fahrbahn unterhöhlt und den Einsturz einer Straße verursacht? Diese Einschätzung könnte man nähertreten, wenn man Hühner biologisch mit Maulwürfen vergleichen könnte. Das Landgericht Ansbach hat diese Zuordnung mit folgender Begründung abgelehnt:

»Hühner sind keine Maulwürfe. Während es dem Wesen eines Maulwurfs als einem meist unterirdisch lebenden Grabtier, dessen Vorderextremitäten zu großen Grabschaufeln entwickelt sind (*Brockhaus*, Enzyklopädie in 24 Bänden, 19. Aufl. 1991, Stichwort »Maulwurf«) entspricht, in Dunkelheit lange unterirdische Gänge zu graben, ist ein derartiges Verhalten von Hühnern nicht (gerichts-)bekannt. Bei Hühnern (auch Hühnervögel genannt) handelt es sich vielmehr um meist am Boden lebende Scharrvögel mit kräftigen vierzehigen Füßen, drei scharrtüchtigen Vorderzehen und einer bodenfernen Hinterzehe (*Brockhaus*, Der neue Brockhaus in vier Bänden, 1938, Stichwort »Hühnervögel«). Wie sich aus der Bezeichnung als Scharrvögel bereits ergibt und auch gerichtsbekannt ist, pflegen Hühner durchaus – z. B. auf der Suche nach Nahrung – kräftig auf dem Boden zu scharren; dass sie aber bis zu zwei Meter lange Gänge in völliger Finsternis graben, ist demgegenüber nicht bekannt, zumal es sich bei Hühnern nicht in der Dunkelheit, sondern am Tage aktive Tiere handelt. Mit einem derartigen Verhalten musste der Beklagte auch unter Berücksichtigung dessen, dass ihm bekannt war, dass die Hühner gelegentlich unter den Sandsteinböden der klägerischen

Stadtmauer scharrten, weder rechnen noch dagegen Vorsorge treffen. Er konnte vielmehr davon ausgehen, dass durch das Scharren der Hühner unter der Stadtmauer keine den Bestand des Bauwerks bzw. der darüber liegenden Straße gefährdenden Schäden eintreten.«[148]

Da ist tatsächlich der Wurm drin

Ob bei der eben referierten Entscheidung der Wurm drin war, mögen die Leserinnen und Leser selbst befinden. Jedenfalls ergibt sich aus dem Sachverhalt des folgenden Urteils, dass es tatsächlich um einen echten Wurm ging, der körperliche und seelische Beschwerden auslöste. Was war der Grund? Der Kläger hatte ein gekauftes Glas mit rotem Bio-Paprika geöffnet und dabei festgestellt, dass sich in dem Glas Würmer befanden. Zur Schmerzensgeldforderung des Klägers führte das Gericht aus:

»Der Kläger trägt vor, nach Entnahme der obersten Paprikaschote habe aus der darunterliegenden Paprikaschote ein ca. 3 cm langer weißer Wurm herausgeragt. Beim Anblick seien der Kläger, dessen Ehefrau und Tochter… von einem Ekelgefühl überfallen worden. Trotz des Ekelgefühls habe der Kläger den Inhalt weiter untersucht und weitere Paprikaschoten mit Würmern besetzt gefunden… Gegessen habe man von der Paprika und dem Wurm nichts. Das Essen am Heiligabend habe ein abruptes Ende gefunden. Die ganze Familie habe… mit Erbrechungserscheinungen gekämpft.

Die gesamten Weihnachtsfeiertage seien für den Kläger und dessen Familie buchstäblich verdorben gewesen. Bei den Mahlzeiten sei an Genuss nicht mehr zu denken gewesen. Das Ekel erregende Bild sei immer wieder zurückgekehrt. Die mit Würmern gespickten Paprikaschoten haben beim Kläger dazu geführt, dass er dieses Gemüse… nie mehr würde essen können… Der Kläger habe Paprika sehr geschätzt, und die Würmer im Paprikaglas haben ihn derart gewurmt, dass ihm ein Stück Lebensfreude verloren gegangen sei. Diese psychische Beeinträchtigung habe sich bei ihm auf sein körperliches Wohlbefinden ausgewirkt.«

Zu diesen Einlassungen nahm das Gericht wie folgt Stellung:

»Im Laufe eines Lebens trifft ein Mensch immer wieder auf Würmer, ohne dass dies zu krankhaften Erscheinungen beim Betrachter führt. Nicht nur bei der Landbevölkerung, sondern auch bei der mit der Natur nicht ganz so verbundenen Stadtbevölkerung ist der Anblick eines Regenwurms nichts Außergewöhnliches. Deshalb ist bisher auch niemand auf die Idee gekommen, den Eigentümer eines Grundstücks wegen Verletzung der Verkehrssicherungspflicht auf Schadensersatz in Anspruch zu nehmen, weil sich ein Regenwurm auf dessen Grundstück bewegt.

Das Gericht verkennt nicht, dass ein Wurm auf der Straße oder auf einem Weg keine derartige Beeinträchtigung darstellt, wie zwei weiße Würmer in einem Glas mit Bio-Paprika, auch wenn diese, wie im vorliegenden Fall nur 3 cm lang waren und ein Regenwurm 10 cm oder länger sein kann. Bei so genannten zivilisierten Menschen steht ein Wurm – anders als bei den Ureinwohnern Australiens, Afrikas oder Südamerikas, Überlebenskünstlern und etwa auch Vögeln – nicht auf dem Speiseplan. Auch bei Käufern von Bio-Waren, die normalerweise kein gestörtes Verhältnis zur Natur haben, ist ein Wurm nicht das tägliche Brot...

Dem Gericht ist kein Fall bekannt geworden, dass jemand, der versehentlich auf einen... Wurm gebissen hat, derart von Ekel überfallen wurde, dass diese beim Betroffenen zu Beschwerden mit krankheitsähnlichem Charakter geführt hätte... Eine repräsentative Umfrage bei den bekanntermaßen empfindlichsten Mitarbeiter/innen des Amtsgerichts konnte entweder nur spontane Heiterkeitsausbrüche oder aber Unverständnis über eine derartige Reaktion beim Kläger hervorrufen... Während Würmer in Zwetschgen zumeist noch leben und zappeln, was bei empfindlichen Zeitgenossen kurzfristig Ekel hervorrufen mag, waren die Würmer in den eingelegten Paprikaschoten tot und bewegten sich nicht mehr.

Somit lässt sich der Verdacht nicht völlig ausschließen, dass die vom Kläger beschriebenen Symptome dadurch verursacht wurden, dass der Kläger verschiedene Zeitungsartikel gelesen hat über Urteile aus dem Land der unbegrenzten (Schmerzensgeld-)Möglichkeiten. Die beiden Würmer allein waren jedenfalls nicht generell geeignet, die vom Kläger beschriebenen Gesundheitsstörungen hervorzurufen.«[149]

Der Auftritt des Zirkuselefanten als tanzende »Primaballerina«

Nicht nur kleine, sondern auch große Tiere sind Gegenstand richterlicher Urteilsfindung. Erinnert sei nur an das Auftrittsverbot eines Zirkuselefanten als Primaballerina in einer Fußgängerzone. Kläger war der Zirkuselefant selbst, weil sein Arbeitgeber insolvent geworden und er deshalb auf die entsprechenden Auftritte angewiesen war, um seine künstlerischen Neigungen auszuleben und seinen Lebensunterhalt sicherzustellen. Hinsichtlich der Primaballerina-Eigenschaft stellte das Verwaltungsgericht Meißen fest:

»Die Kammer verkennt nicht, dass es sich bei dem Kläger um einen massiv gebauten Vierbeiner mit Rüssel handelt. Sie hält ihn gleichwohl für eine Primaballerina. Artikel 3 Abs. 3 Grundgesetz (GG), dessen analoge Anwendung auf Mitgeschöpfe nicht im Streit stehen dürfte (vgl. § 90a Satz 1 BGB), verbietet es, Angehörige beiderlei Geschlechts der volkstümlich als Elefanten bekannten Gattung von vornherein den Zugang zum Status der Primaballerina abzusprechen… Dementsprechend kann auch nicht entscheidend sein, dass Elefanten das Wesensmerkmal des Primaballeresken nicht ohne Weiteres anhaftet.

Ein Geschöpf stellt eine Ballerina im Rechtssinne dar, wenn es den Eindruck des Tänzerisch-Anmutigen vermittelt… Tänzerisch anmutig ist ein Geschöpf, wenn es nach seiner Eignung, Befähigung und fachlichen Leistung zur Umsetzung des der Musik Innewohnen Takts in tänzerische Bewegungen in der Lage ist. Mit Rücksicht auf Artikel 5 Abs. 3 Satz 1 GG…

gebietet es dabei die verfassungskonforme Auslegung des Begriffs »Ballerina«, bei der Subsumtion unter den Tatbestand keine künstlerischen Wertungen einfließen zu lassen. Unter Beachtung dieser Grundsätze stellt der Kläger eine Ballerina dar. Aufgrund seiner von Kindesbeinen an genossenen einschlägigen artistischen Ausbildung im Zirkus und langjährigen Manegeerfahrungen erfüllt der Kläger die gestellten Anforderungen ohne weiteres. Hiervon hat sich die Kammer im Ortstermin am… in der Fußgängerzone der Kreisstadt M. überzeugt.«[150]

Lästiges Gebimmel weidender Kühe

Der Auftritt von Tieren steht auch im Mittelpunkt bei Kühen, die nachts in der Nähe von Wohnbebauungen auf Weidewiesen die Glocken bimmeln lassen. Nach der Spruchpraxis Schweizer Gerichte geht nächtliches Weiden mit Glocken über das hinaus, was nach heutiger Auffassung in einem Wohnquartier allgemein zu ertragen ist. Das Bezirksgericht Affoltern am Albis bei Zürich hat dazu ausgeführt:

»… dass man das Glockengebimmel im Schlafzimmer des Klägers hört – vor allem nachts – davon konnte sich das Gericht anlässlich der durchgeführten Augenscheine überzeugen. Der Kläger sagt aus, dass die Kühe beim Fressen und Grasrupfen immer den Kopf bewegen. Dadurch entsteht ein unregelmäßiges Gebimmel, welches durchaus als lästig empfunden werden kann. Die Fressenszeit beträgt etwa 8–10 Stunden in einem Zeitraum von 24 Stunden. Auch das Bundesgericht führt aus, dass nächtlicher Lärm – selbst wenn er den Schlafenden nicht aufweckt – einen Stressfaktor darstellt, welcher auf die Länge auch die natürliche Abwehrkräfte schwächt… In Abwägung der verschiedenen Interessen ist es gerechtfertigt, eine zeitliche sowie eine örtliche Beschränkung der Einwirkung vorzunehmen. Daher scheint es angebracht, dem Beklagten zu verbieten, die Kühe in der Zeit zwischen 21:00 Uhr abends und 6:00 Uhr morgens zu einem bestimmten Bereich in der Nähe des klägerischen Grundstücks mit Glocken weiden zu lassen.«[151]

Keine Duldung »schnatternder« Gänse

Ähnlich urteilte ein Verwaltungsgericht zum Lärm von Gänsen in einem baurechtlichen Mischgebiet. Nach § 6 Abs. 1 Baunutzungsverordnung dienen Mischgebiete »dem Wohnen und der Unterbringung von Gewerbebetrieben, die das Wohnen nicht wesentlich stören«.

Der Kläger hielt 10 Gänse auf seinem Grundstück, weshalb zu klären war, ob diese Nutzung mit dem Charakter des Mischgebiets vereinbar war. Das Gericht bezog sich auf die Fachliteratur über die Gänsehaltung und exemplarisch auf folgende Aussage des Autors *von Luttitz* (Enten und Gänse halten, 3. Auflage 1997, S. 48 f.):

»Das geflügelte Wort »Ruhe ist die halbe Mast« ist jedem Mäster vertraut. Jede Beunruhigung führt bei den schreckhaften… Gänsen… zumeist panikartigem Gehabe, das noch tagelang als mehr oder minder latente Nervosität nachwirken kann. Schon ein Aufschrei, ein in den Stall verirrter Vogel oder eine huschende Ratte oder sogar ein im Wind schwankender Baumast vor dem Fenster vermögen plötzlich einen ganzen Stall in Unruhe, lautes Geschnatter und kopfloses Hin- und Hergerenne zu versetzen. Deshalb verhalte man sich in der Nähe der Tiere immer behutsam... unterlasse hastige Bewegungen, vermeide Geräusche und bewahre die Tiere vor Hunden, Katzen...«

Aufgrund dieser Erkenntnisse hält das Gericht fest, dass derartige Störungen in einer gemischt genutzten Ortslage naturgemäß ständig vorkommen. Ergänzend weist es darauf hin, »dass der Legende nach die Gänse des Kapitols die Römer im Jahre 387 vor Christus vor einem nächtlichen Angriff warnten, indem sie lautstark schnatterten und die schlafenden Stadtbewohner aufweckten. Gänse sind mithin – ebenso wie möglicherweise die Affen im Tierpark – in der Lage, mit ihren Lautäußerungen eine ganze Stadt in Aufruhr zu versetzen... Mit den gemäß § 6 Abs. 1 Baunutzungsverordnung vorgesehenen Nutzungen ist die Haltung von Tieren, die ein derartiges Verhalten zeigen, nicht vereinbar.«[152]

Erbringen Hundefrisöre Friseurdienstleistungen?

Während Gänse von Natur aus selbst in der Lage sind, Gefiederpflege zu betreiben, legen Hundefreunde Wert darauf, dass ihre Lieblinge von Hundefriseuren in Hundesalons gepflegt und verwöhnt werden. Die Erbringung von Friseurdienstleistungen war jedoch während der Corona-Pandemie nicht durchgängig gestattet. Vielmehr sah § 12 Abs. 2 Satz 1 der nordrhein-westfälischen Coronaschutzverordnung zeitweise vor, dass Dienst- und Handwerksleistungen, bei denen ein Mindestabstand von 1,5 Meter zum Kunden nicht eingehalten werden kann (insbesondere Friseurdienstleistungen, Gesichtsbehandlungen, Maniküre usw.) untersagt sind. Es war also zu klären, ob auch Hundefriseure unter die Kategorie »Friseurdienstleistung« fallen. Die Hundefriseurin H bot Dienst- bzw. Handwerksleistungen an, wobei der Mindestabstand von 1,5 Metern zum Kunden eingehalten wurde. Die Hunde wurden an der Tür in Empfang genommen, während das Entgelt in einer vor dem Haus auf einer Bank liegenden Tupperdose deponiert wurde. Das tier- und menschenfreundliche Verwaltungsgericht stellte fest:

»Soweit der Klammerzusatz in § 12 Absatz 2 Satz 1 Coronaschutzverordnung exemplarisch ausführt, dass Friseurdienstleistungen untersagt sind, bezieht sich dies – wie sich unmittelbar aus dem systematischen Bezug zur nichtmöglichen Einhaltung eines Mindestabstandes zum Kunden ergibt – allein auf Friseurdienstleistungen, die an Menschen erbracht werden. Dieses Auslegungsergebnis bestätigt sich zudem im Vergleich zu den ebenfalls exemplarischen Ausführungen im Klammerzusatz des § 12 Absatz 2 Satz 1 Coronaschutzverordnung, wonach zum Beispiel Kfz- und Fahrradwerkstätten geöffnet bleiben. Auch hier kommt es notwendigerweise zu einem Kontakt zwischen Dienstleister bzw. Handwerker und Kunde, wobei aber bei der Übergabe der zu reparierenden Sache die Unterschreitung eines Abstandes von 1,5 Metern zur Erfüllung der Dienstleistung nicht erforderlich ist. Ebenso verhält es sich bei der Übergabe eines Hundes zu Zwecken des Frisierens und Krallenschneidens.«[153]

Das »Warnblinklicht« des Brauereipferdes

Tierfreundlich war schließlich auch die Rechtsprechung des Amtsgerichts Köln. Es hatte darüber zu befinden, wie die Huftritte eines Brauereigauls gegen einen parkenden Pkw haftungsrechtlich zu würdigen seien, der in einem Pferdegespann in Köln zu Werbezwecken unterwegs war. Das Gericht begründete zunächst, dass das Pferdefuhrwerk ein richtiges Fahrzeug im Sinne von § 24 Abs. 1 Straßenverkehrsordnung ist:

»Es ist nämlich ein zweispuriges, nicht an Gleise gebundenes Landfahrzeug dessen Bauart die Gewähr dafür bietet, dass die Höchstgeschwindigkeit auf ebener Bahn nicht mehr als 6 km/h und die Drehzahl des Motors nicht mehr als 4800 Umdrehungen pro Minute beträgt, weshalb es auch führerscheinfrei ist… Es wird jedoch trotz einiger PS nicht durch Maschinenkraft bewegt, so dass ihm rechtlich die Anerkennung als vollwertiges Kraftfahrzeug versagt ist (§ 1 Abs. 2 StVG).

Nach dem Ergebnis der Beweisaufnahme hat auch eines der beiden Pferde mit einem der 8 Hufe das Auto des Klägers getreten. Deshalb bedurfte es auch keiner Aufklärung, ob das Pferd gegen das Auto getreten hat, weil es als Angehöriger einer Minderheit im Straßenverkehr eine Aversion gegen Blech entwickelt hat oder weil es in seiner Einsamkeit sein Herz mit schönem Klang erfreuen wollte oder ob es seinen Huf ans

Warnblinklicht betätigt hat, damit es mit dem liegengebliebenen Fahrzeug rechtzeitig als stehendes Hindernis erkannt werden konnte (§ 15 Abs. 1 StVO).

Auch wenn man nicht der heute weit verbreiteten Rechtsansicht huldigt, Tiere seien bessere Menschen (vgl. dazu schon *Aristoteles*, Politeia I, 2, wonach der Mensch nichts Besseres ist als ein geselliges Tier), wäre es von dem Kutscher natürlich zu verlangen gewesen, die Pferde, anstatt sie »herrenlos« allein im Regen stehen zu lassen… mit in die Postschänke hineinzunehmen. Das wäre angesichts der Kölner Verhältnisse im Allgemeinen wie auch für Pferde, die den Namen einer Kölner Brauerei tragen, durchaus nichts Ungewöhnliches oder Unzumutbares gewesen. Hat doch schon einmal eine Dame… dafür gesorgt, dass 2 Pferde in einem Hause die Treppe hinauf getrappelt sind, um vom Dachboden aus einen besseren Überblick über die offenbar schon damals wenig übersichtlichen Kölner Verkehrsverhältnisse zu gewinnen… Soweit hätte der Kutscher der Bekl. die Pferde nicht einmal laufen lassen müssen. Es hätte genügt, wenn er die Pferde mit an die Theke genommen hätte, wo sie sich als echte Kölsche Brauereipferde sicherlich wohler gefühlt hätten als draußen im Regen. Auch die Wirtin hätte sicher nichts dagegen gehabt. Denn die Rechtsregel »Der Gast geht so lange zur Theke, bis er bricht« hat bis jetzt, soweit ersichtlich, in der Rechtsprechung auf Pferden noch keine Anwendung gefunden.

Unter diesen Umständen konnte es offenbleiben, ob der Kutscher der Bekl. … dadurch arbeitsrechtlich gegen seinen Auftrag verstoßen hat, in jeder Lage für die Bekl. Reklame zu machen… Die Werbeslogans der Beklagten lauten eben, soweit das Gericht sie aufmerksam verfolgt hat, gerade nicht

»Malzbier ist besser als Schäksbier. Zwischen Leber und Milz passt immer noch ein Pilz« oder gar: »Ich trinke Jägermeister. Weshalb? Mir fehlt der Scheibenkleister.«

Eine allgemeinverbindliche Bier-Kutsch-Regel lässt sich jedoch nicht aufstellen… Eher wäre ganz allgemein auch für Kutscher ein komplettes Jurastudium der Trunkenheit im Straßenverkehr zu empfehlen, bevor sie sich in den juristischen Fallstricken des eigenen Zügels verfangen. Denn:

»Wer zwei Linke Hände hat, sollte die Rechte studieren« (Sponti-Spruch).

Trotz der offensichtlichen rechtlichen Bevorzugung der Kuh kann das Gericht der Beklagten nicht empfehlen, ihr Fuhrwerk auf den Kuhbetrieb umzustellen. Einmal ließ sich auf einer Konferenz »sämtlicher zivilisierter Nationen Europas sowie Bayerns« (*Ludwig Thoma*) eine Verordnung zur Einführung eines allgemeinen Kuh-Bier-Kutschenbetriebs politisch nicht durchsetzen. Die Bekl. würde sich auch weiter durch die Benutzung von Milchkühen für ihre Werbung sozusagen selber Konkurrenz machen. Denn:

»Zum Rindviehstamm gehört die Kuh, ein End macht Milch, das andere Muh« (*Ogden-Nash*), was sich vom Pferd nicht ohne weiteres sagen lässt.

Schließlich sprechen auch einige Bedenken gegen die Verkehrstauglichkeit und Verkehrsgängigkeit des Rindviehs insgesamt. Einmal bleibt ein Ochse vor jedem Berge stehen Klammer (*Simrock*, Nr. 7631). Er weist zwar weiter mehr als die erforderliche Zahl von »Einrichtungen für Schallzeichen«

auf. Er besitzt nämlich zwei Hupen bzw. Hörner (§ 55 StVZO). Diese sind jedoch nicht funktionstüchtig:

»Ein jeder Stier hat oben vorn auf jeder Seite je ein Horn; doch ist es ihm nicht zuzumuten, auf so´nem Horn auch noch zu tuten. Nicht drum, weil es nicht tuten kann, nein er kommt mit dem Maul nicht dran« (*Heinz Erhardt*, S. 89).

Rechtlich bestehen also letztlich keine durchgreifenden Bedenken dagegen, dass die Pferde der Bekl., wenn auch offenbar weniger von *Ben Hur* oder gar vom Teufel gelenkt als von ihrer eigenen Erfahrung, weiterhin ihre Touren durch die Kölner Stadtteile ziehen. Wenn sie dabei ab und zu ein Auto eintreten, so erfreuen sie sich vielleicht gerade dadurch der Sympathie bestimmter Wählerschichten… Für die übrige Bevölkerung wird solches Verhalten neben einer alsbaldigen Zahlung des Schadens durch die Bekl. insbesondere dadurch aufgewogen, dass die Pferde sehr umweltfreundlich sind. Das beweist schon die Tatsache, dass selbst die derzeitige Bundesregierung die Einführung eines Abgas-Katalysatoren für Pferde nicht in Erwägung zieht. Sie hätte auch ökologisch wie ernährungspolitisch nur das unerwünschte Ergebnis, dass unsere Möschen (= Spatzen) noch mehr als bisher auf manche warme Mahlzeit verzichten müssten… Die Bekl. möge also die Blötsche (= Eindellungen) am Fahrzeug der Kl. baldmöglichst bezahlen. Weil die Post heute ja bekanntlich nicht mehr so schnell ist wie früher, hätte es durchaus seine Vorzüge, wenn das Geld mit Hilfe der Bierkutsche der Bekl. zur Kl. transportiert würde.«[154]

§ 16
Nachbarrechtshumor

Der Wiesbadener »Glühbirnenstreit«

Neben Tieren können auch Nachbarn ursächlich für Streitigkeiten sein. Das Nachbarrecht beschäftigt die Justiz immer häufiger, weshalb das Zitat aus *Friedrich Schillers* Wilhelm Tell (IV 3)
»Es kann der Frömmste nicht in Frieden leben, wenn es dem bösen Nachbarn nicht gefällt.«
zunehmend juristische Bedeutung gewinnt.[155]
So kann etwa die Lichtzufuhr vom Nachbargrundstück stören, wie der folgende »Glühbirnenstreit« zeigt. Das Landgericht urteilte, dass es für den aus § 1004 des Bürgerlichen Gesetzbuches folgenden Unterlassungsanspruch genüge, dass der bei Dunkelheit dauerhafte Betrieb einer Außenleuchte (hier Glühbirne mit 40 Watt/matt) im Schlafzimmer des Nachbarn ein erhebliches Gefühl der Lästigkeit hervorruft. Zu diesem Ergebnis gelangte die Kammer nach einer bei Dunkelheit durchgeführten Augenscheineinnahme, die u. a. Folgendes ergeben hat:

»Nachdem… die… Außenleuchte mit einer 40 Watt/matt Birne eingeschaltet worden war, zeigte sich vom Zimmer aus nach außen gesehen ein deutlich wahrnehmbarer, von rechts nach der streitgegenständlichen Außenleuchte ausgehender schräger Lichteinfall auf den linken Bereich im vorderen Drittel des Zimmers. Mit diesen durch die Fenstergröße und die Höhe der Fensterbrüstung begünstigen Lichteinfall war ein Ausstrahlungs- und Kanaleffekt verbunden, der sich durch den Zimmerzuschnitt und die Position der Außenleuchte zum Zimmer ergab und sich an der linken Zimmerwand in Richtung Fenster gesehen widerspiegelte...

Nach Einschätzungen der Kammer ist ein solcher Lichteinfall ohne weiteres geeignet, bei einem in Ruhelage (Schlafposition) befindlichen, durchschnittlich empfindlichen Menschen unweigerlich besondere Aufmerksamkeit und eine gewisse Blendwirkung hervorzurufen, wenn das Licht auf das Gesicht trifft... Der vorstehend beschriebene besondere Lichteinfall... ist nach alledem nachvollziehbar auf einen Bettbereich des Klägers getroffen, indem sich der Kläger in seinem Kopf regelmäßig zum Schlafen aufgehalten hat...

Eine... Abwägung führt zu dem Ergebnis, dass... insbesondere auch nicht verlangt werden kann das streitgegenständliche Zimmer als Schlafzimmer aufzugeben oder den Zimmerrollladen so weit herunterzulassen, bis Lichtverhältnisse... herrschen, bei denen keine oder nur eine unwesentliche Einwirkung (Beeinträchtigung) vorliegt. Das gilt gleichermaßen für Vorhänge, mit denen dieselben Lichtverhältnisse erzielt werden könnten.«[156]

Der Pfälzer/Wuppertaler »Frustzwerge-Streit«

Klassiker aus dem Arsenal der Nachbarrechtsjudikatur sind Entscheidungen über Gartenzwerge, weshalb gelegentlich auch vom »Krieg der Gartenzwerge«[157] oder von »Frustzwergen« die Rede ist. Was verbirgt sich hinter der Bezeichnung »Frustzwerge«?

Das nachbarschaftliche Verhältnis zwischen zwei Eigentümern nebeneinander liegender Anwesen war seit einiger Zeit angespannt. Im Zuge eines Rechtsstreits wegen Lärmbelästigung stellte der Beklagte von ihm selbst hergestellte Tonfiguren in seinem zum Hof des Klägers gelegenen Garten auf. Im Laufe der Zeit wurden weitere Figuren u. a. auf dem Dachvorsprung, auf der Terrasse, vor und in den Fenstern aufgestellt. Diese Figuren bezeichnete der Beklagte als sogenannte »Frustzwerge«. Denn im Unterschied zu den üblicherweise bieder und brav wirkenden allgemein bekannten Gartenzwergen handele es sich um Zwerge, die untypische Posen und Gesten einnähmen. So zeige ein Zwerg dem Beobachter mit herausgestreckter Zunge den erhobenen Mittelfinger (so genanntes »Fuck-you«-Zeichen), ein anderer beuge sich mit heruntergelassener Hose nach vorne und zeige sein entblößtes Hinterteil. Ein weiterer Zwerg trage eine Kapuze und verkörpere einen auf ein Beil gestützten Scharfrichter. Ein anderer Zwerg sei in einem Baum im Garten des Beklagten erhängt worden. Da der Kläger aus Wuppertal stammt, hielten einige Zwerge Schilder mit Parolen wie: »Pfälzer in die Pfalz, Wuppertaler in die Wupper«. Der Kläger verlangte sowohl die Beseitigung der vorhandenen Zwerge als auch die künftige Unterlassung dergleichen Maßnahmen. Das Gericht entsprach diesen Anträgen mit folgender Begründung:

»Die Gesten der beanstandeten Zwerge sind eindeutig, und es bedarf für jeden verständlichen Betrachter keiner weiteren Erläuterung, dass diese Zwerge eine grobe Missachtungsäußerung gegenüber dem Kläger darstellen sollen… Es macht daher keinen Unterschied, ob der Beklagte sich selbst vor das Haus des Klägers gestellt hätte, um diesem beispielsweise sein bloßes Hinterteil hinzustrecken oder dem Kläger die Zunge herauszustrecken bei dem oben bereits erwähnten »Fuck-you«-Zeichen. Da dies dem Beklagten aus naheliegenden Gründen nicht permanent möglich war, hat er sich entschlossen, die… Zwerge zu schaffen und diese für ihn »handeln« zu lassen…

Im Ortstermin… hat der Beklagte die Auffassung vertreten, es müsse ihm gestattet werden, seinen Frust gegenüber dem Kläger auf diese Weise loszuwerden. Dieses Argument ist der geltenden Rechtsordnung fremd. Unerheblich ist auch…, dass es sich bei diesen Zwergen um Kunstgegenstände handele… Ein Kunstobjekt, das ersichtlich gezielt als Mittel der Ehrverletzung eingesetzt wird, unterliegt nicht dem Schutz des Grundgesetzes, da die absolute Grenze der in Art. 1 Abs. 1 Grundgesetz garantierten Menschenwürde überschritten ist.«[158]

Gartenzwerge als Symbol der »Engstirnigkeit«

Manchmal genügen schon zwei Gartenzwerge, um einen heftigen Nachbarstreit auszulösen. Der Antragsteller verlangte vom Antragsgegner, dass er zwei in dem zum gemeinschaftlichen Eigentum gehörenden Garten der Wohnanlage aufgestellte, etwa 20 und 25 cm große, Gartenzwerge als Symbole der »Engstirnigkeit und Dummheit« entferne. Er beruft sich dabei auf das Wohnungseigentumsrecht. Danach ist jeder Wohnungseigentümer zum Mitgebrauch des gemeinschaftlichen Eigentums berechtigt, soweit dadurch keinem anderen Wohnungseigentümer über das bei einem geordneten Zusammenleben unvermeidbare Maß hinaus ein Nachteil erwächst. Im Übrigen sind Einwirkungen zu dulden, wobei auch der optische Gesamteindruck verstanden als Störung der Harmonie oder der Ästhetik relevant sind. Unter Berücksichtigung dieser Kriterien hat das Oberlandesgericht Hamburg den Gartenzwergfall wie folgt gelöst:

»... wie die bei den Akten befindlichen Fotos zeigen, fallen die Gartenzwerge trotz ihrer geringen Abmessungen durch ihre leuchtend rote Zipfelmütze in dem sie umgebenden Grün des Gartens auf und können auch von der an der Grenze verlaufenden Straße eingesehen werden... So muss letztlich den Ausschlag geben, dass die Aufstellung von Gartenzwergen – anders als etwa die von ähnlich kleinen Objekten wie Vogeltränken oder einer kleinen Tierplastik – allgemein durchaus gegensätzlicher Beurteilung insbesondere im ästhetischen Bereich unterliegt, die nicht wenige Menschen in ihren Gefühlen berührt... Während die einen in der Aufstellung von Gartenzwergen den Ausdruck von Beschränktheit und das Zeichen eines schlechten Geschmacks sehen, sind die anderen zu milderem Urteil und humorvoller Duldung einer in einer langen Tradition begründeten Einrichtung geneigt. Das zeigen die Zitate des Amtsgerichts aus dem bei ihm angeführten literarischen Werk über Gartenzwerge… Es kann nicht Aufgabe des Gerichts sein, in dieser vorwiegend ästhetischen Kontroverse ein Urteil zu fällen. Vielmehr ist entscheidend, dass die umstrittene Aufstellung der Gartenzwerge bei nicht wenigen Menschen den bezeichneten Anstoß erregt und deshalb zu einer nicht ganz unerheblichen Beeinträchtigung des optischen Gesamteindrucks der Wohnungsanlage geeignet ist.«[159]

Trampolin im »Ziergarten«

Nachbarkonflikte sind ferner vorprogrammiert, wenn Eigentümer in Wohnanlagen zur Förderung der Fitness ihrer Sprösslinge im Gartenbereich Trampolingeräte aufstellen. Der Kläger und die Beklagten teilen sich zwei Wohneinheiten mit einem Sondernutzungsrecht für den Gartenanteil, der in der Teilungserklärung als »Ziergarten« ausgewiesen war. Dort stellten die Beklagten ein Trampolin mit einer Gesamthöhe von etwa 3 Meter auf. Der Kläger meint, ein »Ziergarten« sei eine Fläche, die ausschließlich »schmücken« solle und der »optischen Bebauung« diene. Deshalb sei ein Trampolin eine erhebliche optische Störung, welche die Anlage »verschandele«. Die Beklagten beriefen sich darauf, dass der Begriff des

»Ziergartens« das Gegenteil eines »Nutzgartens« sei; letzterer diene vorrangig dem Anbau und der Verwertung von Kulturpflanzen, ersterer als Erholungs- und Spielfläche. Die Aufstellung eines Trampolins sei eine übliche Nutzung eines Gartens in einer Wohnanlage für Familien. Das Amtsgericht München gab den Beklagten Recht:

»Das Gericht legt den Begriff des Ziergartens... nicht dahingehend aus, dass damit auch eine Beschränkung auf das Anpflanzen »optisch erbaulicher« oder »schmückender« Pflanzen verbunden ist und dass Kinder in dem Ziergarten nicht spielen dürfen. Dürfen Kinder aber in dem Bereich spielen, so gehört hierzu auch das Aufstellen eines Spielgerätes.«[160]

Der »Kartoffelwurf-Streit«

Nachbarlicher Frust wurde auch schon durch gezielte Kartoffelwürfe auf einen auf dem Anwesen unberechtigt wendenden Pkw abgelassen. Kann sich der Kartoffelwerfer in dieser Situation auf ein Notwehrrecht berufen? Das Amtsgericht Hadamar hat das für folgenden Sachverhalt bejaht.

Der Beklagte ist Eigentümer eines Hofanwesens, dessen Zufahrt nicht verschlossen ist. Diese Ausgangslage nutzte der Kläger aus, indem er mehrere Monate auf der Hofzufahrt seine Fahrzeuge wenden ließ. Dagegen wehrte sich der Beklagte mit dem... Kartoffelwurf, der einen Schaden am Pkw des Klägers verursachte. Das Amtsgericht begründete, weshalb dem Kläger kein Schadensersatzanspruche zusteht:

»Das Hausrecht stellt als ein »Stück lokalisierter Freiheitssphäre« ein persönliches Rechtsgut besonderer Art dar... Soweit der Zeuge B zunächst bekundet hat, er könne sich nicht vorstellen, warum der Beklagte mit einer Kartoffel nach dem Fahrzeug geworfen habe... kann dieser Bekundung in ihren Kerngehalt nicht gefolgt werden. Die auf mehrfaches Nachfragen durch das Gericht letztlich vom Zeugen B doch noch bekundete Ansicht, der Beklagte habe sie wohl verjagen wollen, zeigt, dass auch dem Zeugen B, zumindest nach gehörigem Nachdenken, ohne weiteres hätte klar sein müssen, dass der Beklagte... zum Ausdruck bringen wollte, dass sein Hofanwesen nicht zum Wenden genutzt werden darf.

Der vom Beklagten als Abwehrmittel gewählte Kartoffelwurf erwies sich als geeignetes Mittel, den Angriff abzuwehren. Insoweit bestand zwischen den Parteien und den Zeugen Übereinstimmung darin, dass seit dem Vorfallstag das Hofanwesen des Beklagten nicht mehr zum Wenden benutzt wird.

Der Beklagte bediente sich eines Wurfgegenstandes, welcher aufgrund seiner Beschaffenheit und Konsistenz keine größeren Schäden erwarten ließ. Die Zeugen saßen im Fahrzeuginnern, waren also gegen den Kartoffelwurf auch körperlich geschützt.«[161]

§ 17
Lebensmittelrechtshumor

»Fastenbier« muss Starkbier sein

Kartoffeln mögen zwar geeignete Wurfgeschosse sein. Ihre primäre Bestimmung ist jedoch die Verwertung als Lebensmittel. Dieses Stichwort weist den Weg zum Lebensmittelrechtshumor. Lebensmittel dürfen aus Gründen des Verbraucherschutzes nicht irreführend gekennzeichnet sein. Dieses Gebot missachtete ein Braumeister. Er versah sein Bier mit dem Etikett »Fastenbier« und brachte es mit einer bildlichen Darstellung einer Kirche sowie dem Hinweis auf den Markt: »Flüssiges bricht Fasten nicht.«

Dadurch wurde bei Käufern der Eindruck erweckt, es handele sich um Starkbier. Das so gekennzeichnete Bier hatte allerdings lediglich einen Stammwürzgehalt von 13,3 %, während Starkbier nach § 3 Abs. 2 der Bierverordnung einen Stammwürzgehalt von mindestens 16 % aufweisen muss. Die Richter des Bayerischen Obersten Landesgerichts schlossen sich den brauchtumsfreundlichen Erwägungen des Amtsgerichts an und argumentierten:

»Das Amtsgericht hat dargelegt, mit der Verwendung des Begriffs Fastenbier nehme die Etikettierung Bezug auf die bayerische Tradition, während der Fastenzeit Starkbier auszuschenken. Hier werde die Bezugnahme durch den unter der bildlichen Darstellung einer Kirche samt Kloster befindlichen Hinweis »Flüssiges bricht Fasten nicht« verstärkt. Dazu komme, dass dieses Bier erst ab Beginn der Fastenzeit und in der Fastenzeit ausgeschenkt und verkauft worden sei; damit sei an die alte klösterliche Übung angeknüpft worden, während der Fastenzeit, um die strenge Regel bezüglich der Speisen einhalten zu können, besonders starke Biere einzubrauen. Diese dienten den Klöstern gleichsam als Nahrungsersatz. Daraus habe sich der Satz gebildet: Flüssig Brot bricht Fasten nicht.«… So hätten die angesprochenen Kreise den Eindruck gewinnen müssen, es handle sich um Starkbier.«[162]

»Busengrapscher« als Likörbezeichnung?

Flaschenetikettierungen können nicht nur irreführend, sondern auch verboten sein. So entschied der Bundesgerichtshof gegen einen Spirituosenhersteller, der einen Brombeerlikör in der Miniaturflasche zu 0,02 l als »Busengrapscher« vertrieb. Das 10,5 cm hohe Fläschchen war in herausgehobener Schrift mit einer Abbildung versehen, auf der ein Mann und eine Frau in sexualisierter Pose dargestellt wurden. Das Kammergericht bewertete die Etikettierung lediglich als zulässige Geschmacklosigkeit und stellte fest:

»Die textliche und bildliche Ausgestaltung in Verbindung mit dem allgemeinen Wissen von der enthemmenden Wirkung des Alkohols lasse dem Publikum die Spirituosen als solche erscheinen, die sich zum Scherz wundersamer sexueller Wirkkraft berühmten. Dass ein gewöhnlicher Likör in der winzigen Dosierung der Miniaturflasche solche Wirkung entfalten könne, komme für niemand ernstlich in Betracht. Es handele sich um ersichtlich humorvoll gemeinte Phantasievorstellungen, deren Anknüpfung an die Spirituosenartikel deren Absatz als Spaßmacher fördern solle... Insbesondere spreche nichts dafür, dass mit den Etiketten nach dem Verständnis des Publikums Alkohol als ein Mittel propagiert werde, um sich Frauen für sexuelle Handlungen gefügig zu machen.«

Dem hielt der Bundesgerichtshof entgegen, diese Ausführungen seien mit der Lebenserfahrung nicht in Einklang zu bringen. Denn das Publikum werde die Propagierung als Mittel zur Überwindung sexueller Widerstände verstehen und zwar:

»... durch Weckung des Gedankens an Enthemmung nicht allein der Frau, sondern auch des Mannes, um ihm den Mut zu sexuellem Vorgehen zu machen.«

Ferner ziele die Etikettierung unmittelbar darauf ab,

»beim Kunden des Produkts... den Eindruck hervorzurufen, dass der Genuss dieser Getränke – vor allem auch auf Seiten der Frau – geeignet sei, mögliche physische und psychische Widerstände abzubauen und die sexuellen Wünsche des Mannes so leichter erfüllbar zu machen.«[163]

Mars macht mobil bei Sex-Sport und Spiel

Etikettierungen spielen ferner eine juristische Rolle, wenn Markenartikel von Scherzartikelfirmen verunglimpft werden.

Das ist nach Ansicht der Rechtsprechung dann der Fall, wenn eine Scherzartikelfirma Kondome unter der Verwendung des Mars-Schokoriegel-Zeichens vertreibt. Denn die Marke »Mars«, bei der es sich um ein eingetragenes Wort- und Warenzeichen handelt, hatte seine Schokoladenerzeugnisse mit dem Slogan »Mars macht mobil bei Arbeit, Sport und Spiel« populär gemacht. Demgegenüber bot die Scherzartikelfirma ein einzeln verpacktes Kondom mit dem originalgetreuen »Mars«-Schriftzug gemäß dem Warenzeichen und den Worten »macht mobil« auf der Außenseite der Faltschachtel an. Beim Öffnen der Faltschachtel wurde auf der Innenseite die abgewandelte Fortsetzung des Slogans »bei Sex-Sport und Spiel« lesbar. Nach Ansicht des Schokoherstellers Mars wurde dadurch der Eindruck erweckt, als ob mit der Kondompackung von ihm ein Werbegeschenk gemacht werden solle. Deshalb klagte Mars auf Unterlassung. Das Revisionsgericht befand:

»Die Verwendung des für die Schoko-Riegel des Klägers seit vielen Jahren sehr bekannten Warenzeichen »Mars« zum Zwecke des Angebots eines Präservativs unter gleichzeitiger Verfremdung eines ebenfalls… geschützten Werbespruchs der Klägerin in der Weise, dass der Schoko-Riegel als Stärkungs- und Anregungsmittel für den Sex-Sport ausgewiesen werde, sei geeignet, das Ansehen des klagenden Wirtschaftsunternehmers… zu beeinträchtigen, indem dieses als Förderer des Sex-Sports hingestellt werde, dem es offenbar nichts ausmache, dass seine vorwiegend von jüngeren Menschen verzehrten Schokoladenriegel als Stimulanz für den Sex-Sport zusammen mit dem gleich beigefügten Präservativ angeboten würden.«[164]

Heiße Suppe ist eine Gefahrenquelle

Während verunglimpfende Scherzartikelwerbung Unterlassungsansprüche rechtfertigen, ist manchem Zeitgenossen unklar, ob Schmerzensgeld verlangt werden kann, weil die Suppe in einer Gaststätte zu heiß serviert und gegessen wurde. Mit dieser Rechtsfrage hatte sich das Amtsgericht Hagen auseinanderzusetzen, das zu folgender Lösung gelangte:

»Da die Suppe sehr heiß serviert worden ist und insoweit die Gefahr barg, zu Verletzungen im Mundbereich zu führen, stellte sie eine Gefahrenquelle dar. Verkehrssicherungspflichten bestehen aber lediglich insoweit, als diese Gefahrenquelle für den Gast nicht zu erkennen war. Jeder, der eine Suppe bestellt, weiß aber, dass er ein sogenanntes Heißgericht serviert bekommt, welches nur mit äußerster Vorsicht zu genießen ist. Dies wurde hier zudem dadurch erkennbar, dass die Suppe noch dampfte; insoweit trug die Suppe das Gefahrensignal in sich, so dass von dem Gastwirt keine weiteren Maßnahmen zu treffen waren. Er ist nicht etwa verpflichtet, die Suppe nach dem Erhitzen zunächst einige Zeit abkühlen zu lassen und sodann erst zu servieren. Dies ergibt sich bereits daraus, dass es keine objektiven Maßstäbe dafür gibt, wie heiß eine servierfähige Suppe zu sein hat. Dies richtet sich nach den individuellen, geschmacklich und physiologisch bedingten Eigenheiten eines jeden Gastes. So hat jeder einen anderen Maßstab dafür, wann er eine Suppe als essbar erachtet. Insoweit ist auch jeder gehalten, nach seinem individuellen Zuschnitt die erkennbar dampfende Suppe zunächst abkühlen zu lassen.

Der Gastwirt ist auch nicht verpflichtet, den Gast ausdrücklich auf die sehr heiße Suppe hinzuweisen. Angesichts der dampfenden Suppe wäre ein derartiger Hinweis überflüssig, da er die durch die dampfende Suppe bereits zum Ausdruck kommende Informationen nicht erweitern würde.«[165]

Ganze Bananen und »Pizza Napoletana«

Neben dampfenden Suppen gilt die besondere juristische Aufmerksamkeit und Fürsorge dem Lebensmittel Banane. Das zeigt sich schon daran, dass die zuständigen Organe der Europäischen Union über 300 Rechtsakte zu diesem Thema verabschiedet haben[166]. Angesichts dieser Regelungsfülle ist es kein Wunder, dass sich auch die Rechtsprechung gelegentlich mit dieser Frucht beschäftigen muss. So bezog der Europäische Gerichtshof exemplarisch zur Konsumgeeignetheit von Bananen detailliert wie folgt Stellung:

»Die Banane ist durch ihr Aussehen, ihren Geschmack, ihre weiche Beschaffenheit, das Fehlen von Kernen, eine einfache Handhabung und ein gleichbleibendes Produktionsniveau geeignet, den gleich bleibenden Bedarf einer bedeutenden, sich aus Kindern, Alten und Kranken zusammensetzenden Bevölkerungsgruppe zu befriedigen.«[167]

Diese gemeinwohlorientierte Bedeutung der Banane musste verständlicherweise durch die Verabschiedung einer Verordnung zur Festsetzung von Qualitätsnormen für Bananen konkretisiert werden. Danach müssen Bananen eine Mindestlänge von 14 cm und eine Mindestdicke von 27 mm aufweisen, es sei denn, es handelt sich um Bananen aus den Regionen Algarve, Azoren, Kreta, Lakonien oder Madeira, die als sogenannte »Euro-Bananen« auch kleiner sein dürfen. Länge und Dicke werden unter Anderem gemessen am mittleren Finger der äußeren Reihe einer Hand. Neben der genannten Länge und Dicke müssen Bananen folgende Mindesteigenschaften ausweisen: Sie müssen ganz, fest und gesund sein.[168] Allerdings konnte man aus der inzwischen aufgehobenen Vorschrift nicht entnehmen, nach welchen Kriterien eine Banane als gesund zu qualifizieren ist.

Bei der Fülle von Rechtsakten zum Lebensmittelrecht sticht eine Verordnung der EU-Kommission über die Pizza Napoletana besonders heraus, die mit diesem Rechtsakt den Status einer geschützten Bezeichnung in dem Register der garantiert traditionellen Spezialitäten erhält. Auf insgesamt 9 Seiten wird detailliert erläutert, wie die Herstellung erfolgt, nach welchen Verfahren der Belag gewürzt wird und wie das Garen erfolgt, nicht ohne die geschichtliche Entstehung dieser Köstlichkeit zu erwähnen.[169]

Artikel 2 der Verordnung verweist auf Anhang II (Prodotto secondo la Tradizione napoletana), in dem unter Punkt 3.5. unter Anderem festgelegt wird:

»Die Pizza Napoletana muss weich, elastisch und biegsam sein. Das Erzeugnis lässt sich leicht schneiden, hat einen charakteristischen angenehmen Geschmack durch den Teigrand, welcher den typischen Geschmack von gut gegangenem und ausgebackenem Brot aufweist...«

Unter Punkt 3.6. werden die Grundstoffe aufgeführt, die Teigzubereitung erläutert und der Belag beschrieben.

Diese Vorlage kann einerseits dazu ermutigen, die Pizza Napoletana selbst nachzubacken, oder bei einem Restaurantbesuch kritisch zu überprüfen, ob die genannten Qualitätsmerkmale erfüllt sind. Denn andernfalls liegt ein Mangel vor, der zur Rückgabe der Pizza berechtigt.

Kaugummi als Kfz-Ersatzteil?

Eine andere lebensmittelrechtliche Frage ergibt sich aus dem geltenden Ladenöffnungsrecht. Exemplarisch stellt § 8 des nordrhein-westfälischen Gesetzes über die Ladenöffnungszeitengesetze fest, dass außerhalb der allgemeinen Ladenöffnungszeit nur die Abgabe von Ersatzteilen für Kraftfahrzeuge, soweit dies für die Erhaltung oder Wiederherstellung der Fahrbereitschaft notwendig ist, sowie die »Abgabe von Betriebsstoffen« gestattet ist. Ein Gericht musste entscheiden, ob auch der Verkauf von Kaugummi, Zigaretten und alkoholfreien Getränken unter diese Ausnahmebestimmung fällt. Hierzu stellte es zunächst abwägend zwischen Verbraucher- und Sicherheitsinteressen fest:

»Wenn auch der Erwerb einer Packung Kaugummi in einer Tankstelle nach der allgemeinen Verkehrsanschauung und unter Berücksichtigung der Verbrauchergewohnheiten als zur Befriedigung eines Bedürfnisses des Tankstellenkunden für die Zeit seines Aufenthalts im Bereich der Tankstelle angesehen werden und auch dem Zweck des Genusses an Ort und Stelle dienen kann, gilt dies nicht in gleichem Maße für eine Schachtel Zigaretten. Ein zumindest teilweiser Rauchgenuss an Ort und Stelle widerspricht in der Regel Sicherheitsvorschriften.«[170]

Allerdings hielt das Kammergericht diese differenzierende Beurteilung nicht lange aufrecht. Zwei Jahre später urteilte es so:

»Angesichts eines Wandels der Verkehrsanschauung sind nunmehr Zigaretten in kleinen Mengen und alkoholfreie Getränke in kleinen Mengen als Zubehör anzusehen. Ihr Verkauf an Tankstellen innerhalb der allgemeinen Ladenschlusszeiten sowie an Sonn- und Feiertagen ist deshalb zulässig.«[171]

Legehühner als Nahrungsmittel?

Eine völlig andere Version volkstümlicher Verbraucherrechtsprechung liegt einem Beschluss des Landgerichts Flensburg zugrunde. Es musste über folgenden Sachverhalt befinden. Der Angeklagte hatte aus dem Hühnerstall seines Nachbarn innerhalb von mehreren Wochen drei Legehennen entwendet. Die Henne aus dem ersten Diebstahl aß er sofort, während die Polizei die beiden anderen Hühner in einem Kochtopf fand. Die Kammer prüfte vor dem Hintergrund des damals noch strafbaren Mundraubs (nunmehr Diebstahl einer geringwertigen Sache), ob die Hühner die Eigenschaft als Nahrungsmittel aufweisen. Das Gericht gelangte zu folgender Deutung:

»Nach der Verkehrssitte hat jedes Huhn gleichzeitig mehrere Verwendungszwecke. Hühner werden gehalten – wie der geniale Beobachter des Volkslebens, *Wilhelm Busch*, es formuliert, »einesteils der Eier wegen, welche diese Vögel legen, zweitens weil man dann und wann einen Braten essen kann, drittens aber nimmt man auch ihre Federn zum Gebrauch.« Seit mehr als 1000 Jahren werden auf der ganzen bewohnten Erde Hühner für alle drei Zwecke zugleich gehalten, wobei allerdings die Verwendung für den ersten Zweck, für das Eierlegen, nur möglich ist, solange die Verwendung für die weiteren Zwecke noch nicht erfolgt ist... Wenn *König Heinrich IV. von Frankreich, Heinrich von Navarra*, der »gute König«, wie in allen französischen und deutschen Schulbüchern zu lesen ist, um 1600 zum Herzog von Savoyen gesagt hat: »Ich wünsche, dass sonntags jeder Bauer sein Huhn im Topf hat«, so hat er dabei sicher nicht nur an ein altes Suppenhuhn gedacht. Auch bei den Brathändl auf der Oktoberwiesen, beim Hamburger Küken, beim üblichen Kükenbraten... werden keineswegs nur die alten abgängigen Hühner oder nur Hähne gegessen... Deshalb sind alle weiblichen Hühner zunächst auch Legehühner... Die Eigenschaft als Nahrungsmittel kann daher bei Legehühnern nicht verneint werden.

Die Ansicht... dass der Angeschuldigte mit seiner Frau zusammen zu einer Mahlzeit nicht mehr als ein Huhn verzehren konnte, das zweite Huhn daher der Vorratsbildung diene, wird von der Kammer nicht geteilt. Wohl fast jeder weiß seit seiner Kindheit, dass *Wilhelm Busch* den beiden Buben Max und Moritz zutraut, zu zweit drei Hühner und einen Hahn zu einer Mahlzeit aufzuessen.«[172]

Das Bier-Maß-Wunder vom Münchner Oktoberfest

Apropos Brathändl. Jedermann weiß, dass beim Oktoberfest neben dem Brathändl das Bier im Vordergrund steht. Deshalb verwundert es nicht, dass sich auch die Juristen für das Oktoberfestbier interessieren. Einige davon haben dazu ein Buch mit dem Titel: »Das Oktoberfest, ein Lehrstück zur Rechtswirklichkeit« verfasst. Es handelt unter Anderem vom schlechten Einschenken und beruht auf der Überlegung, dass der Oktoberfestbesucher ein Mensch ist, der Durst hat und im Übrigen nicht so genau weiß, wo das Brauchtum aufhört und die Unverschämtheit anfängt. Die Kernfrage ist, wie sich der Besucher verhalten soll, wenn der Maßkrug schlecht eingeschenkt ist. Die Wahrscheinlichkeit, dass das Maß nicht voll ist – statistisch gesehen –, ist ziemlich hoch. Immerhin brüstete sich auf dem Oktoberfest 1983 ein Wirt damit, aus einem 200 Liter-Banzen 289 Maß Bier ausgeschenkt zu haben und die Verfasser des zitierten Werkes fügen hinzu:

»… einem Brauerei Umsatz von gut 3 Mio. Liter standen während der Wiesn wundersame 4,5 Mio. Maß Bier gegenüber« und »Der Ausschank von 198 Maß aus einem 152 Liter Fass auf der Wiesn 1984 wird bundesweit als das »Wunder von München« bezeichnet.«[173]

Die ungewollte freiwillige Weinrücknahme

Völlig korrekt ging es hingegen bei dem folgenden Getränke-Fall zu. Im Restaurant des Hotels »Loreley« sitzen zwei Juristen bei einem Glas Wein und streiten lautstark über einen Fall, den sie am Vormittag erledigt hatten.

»Paragraf 123a hätten wir anwenden müssen«, sagt der eine. »Sie irren, Herr Kollege«, erwiderte der andere.

»Kellner«, ruft der eine. Der Kellner kommt eilig heran.

»Sagen Sie einmal, haben Sie ein Strafgesetzbuch?« Der Kellner verschwindet, kommt gleich wieder zurück und sagt:

»Der Wirt nimmt den Wein auch so zurück.«[174]

§ 18
Justizrechtshumor

Richter als Aktenmaler

Die bisher vorgestellten, teils ungewöhnlichen Lebenssachverhalte lassen erahnen, dass sich Richter bei ihrer Arbeit stark konzentrieren und jede Kleinigkeit beachten müssen, um zu einer gerechten Entscheidung zu gelangen. Ist aber die uneingeschränkte Wahrheitsfindung auch dann gewährleistet, wenn der Richter in den Akten malt oder während der Verhandlung schläft? Dazu eine Geschichte aus dem Leben, erzählt von *Thomas Giesen*:

»Mein Onkel Englaender[175], 1928 preußischer Assessor am Landgericht Aachen, war »Aktenmaler«; er malte gelangweilt als »Beischläfer« in einer Sitzung seiner Zivilkammer mit Bleistift »Männchen« an den Rand der Akte. Diese nahmen im Verfahren ihren Weg, zuerst zum Oberlandesgericht Köln, sodann zum Reichsgericht in Leipzig. Der dortige Senatspräsident missbilligte die Männchen aufs Schärfste… Er schrieb: »Verfügung: Wer hat die Männchen gemalt? Dienstliche Erklärung aller Richter und Bediensteten«… Dienstliche Erklärung der Reichsgerichtsräte…: ›Ich habe die Männchen nicht gemalt.‹… Die Akte ging zurück nach Köln… alle schrieben brav: »Ich habe die Männchen nicht gemalt.« Auf dem Dienstweg ging die Akte zurück zum Landgericht Aachen. Dort waren mehr als 4 Jahre verstrichen. Längst waren Pensionierungen, Personalveränderungen und Versetzungen eingetreten… Und alle schrieben: »Ich habe die Männchen nicht gemalt.« Der Landgerichtspräsident prüfte sorgsam, hakte ab. Fehlte da nicht einer?… Ja, da war noch einer. Der frühere preußische Assessor Dr. Englaender.

Mein Onkel studierte die Akte, las die Erklärungen der Spitzen der deutschen Justiz, seiner Kollegen und vieler Originale… Er nahm seinen Radiergummi, rieb ein wenig und schrieb: »Welche Männchen?«

Neues vom »schlafenden« Richter

Während ein »gelangweilter Beischläfer« die ordnungsgemäße Besetzung der Richterbank offensichtlich noch nicht tangiert, bleibt offen, wie es sich verhält, wenn ein »gelangweilter Beischläfer« zu einem schlafenden Richter mutiert. Dabei handelt es sich keineswegs um eine neuartige juristische Problematik, sondern um ein klassisches Dauerphänomen.[176] Ein sachkundiger Beobachter der Schlafszene merkt dazu an:

»Hierbei zeichnet sich die deutliche Tendenz ab, dass die Revisions- und Berufungsgerichte außerordentlich einfühlsam sind, wenn es um die (peinliche) Frage geht, ob sich der Beisitzer… pflichtwidrig in einen Beischläfer verwandelt hat. Kollegenhilfe erscheint den Obergerichten als das Gebot der Stunde. Zum einen wehren die angerufenen Rechtsmittelgerichte derartige Verfahrensangriffe mit gesteigerten Anforderungen an die Begründungspflicht ab. Der Rechtsmittelführer muss den Zeitpunkt des angeblichen Einschlafens, die Dauer und die Einzelheiten des Verhaltens des Richters angeben... Auch muss dargelegt werden, welche für die Entscheidung wichtigen Vorgänge der Richter während seines »Einnickens« nicht erfassen konnte. Vor allem zeigen die Gerichte fast grenzenloses Verständnis für die oft gelangweilte Situation eines beisitzenden Richters, wenn es um die Deutung einschlägiger Beweiszeichen geht.«[177]

Doch lassen wir das Bundesverwaltungsgericht selbst zu Wort kommen, nachdem die Vertreterin der Beklagten Folgendes vorgetragen hatte:

»Der ehrenamtliche Richter H war unfähig, der Verhandlung zu folgen, weil er über einen längeren Zeitraum ununterbrochen die Augen geschlossen hatte und – wie durch seine Körperhaltung, nämlich Senken des Kopfes auf die Brust und ruhiges tiefes Atmen sowie »Hochschrecken« – zum Ausdruck kam, offensichtlich geschlafen hat...«

Aus diesen mitgeteilten Beobachtungen lässt sich aber... noch nicht sicher darauf schließen, dass der bezeichnete Richter tatsächlich über einen längeren Zeitraum geschlafen hat... Das Schließen der Augen über weite Strecken der Verhandlung und das Senken des Kopfes auf die Brust beweist allein nicht, dass der Richter schläft. Denn diese Haltung kann auch zur geistigen Entspannung oder zwecks besonderer Konzentration eingenommen werden. Deshalb kann erst davon ausgegangen werden, dass ein Richter schläft oder in anderer Weise abwesend ist, wenn andere Anzeichen hinzukommen, wie beispielsweise tiefes, hörbares und gleichmäßiges Atmen oder gar Schnarchen oder ruckartiges Aufrichten mit Anzeichen von fehlender Orientierung. Ruhiges, tiefes Atmen kann ebenfalls ein Anzeichen geistiger Entspannung oder Konzentration sein, insbesondere wenn es für andere nicht hörbar erfolgt, denn gerade dies kann darauf schließen lassen, dass der Richter den Atmungsvorgang bewusst kontrolliert und nicht schläft. Auch das »Hochschrecken« des Richters hat die Beschwerde nicht näher geschildert… »Hochschrecken« allein kann auch darauf schließen lassen, dass es sich lediglich um einen die geistige Aufnahme des wesentlichen Inhalts der mündlichen Verhandlung nicht beeinträchtigenden Sekundenschlaf gehandelt hat.«[178]

Noch eindrucksvoller und informativer als Gerichtsentscheidungen sind häufig dienstliche Stellungnahmen von Richtern anlässlich von »Schlafrügen«. So hat sich ein Vorsitzender Richter über den vermeintlichen Schlaf seines Beisitzers so geäußert:

»Dass Richter X aus Überarbeitung übermüdet war, halte ich für ausgeschlossen. So weit lässt es Herr X erst gar nicht kommen.« Anschließend versicherte der Vorsitzende Richter, dass er den Beisitzer in allen Hauptverhandlungen stets ziemlich genau im Auge behalte. Der betreffende Richter habe nämlich die Angewohnheit, sich auch während einer Sitzung hin und wieder ein Haar auszurupfen, dieses dann zu betrachten, in der Nase zu bohren oder sich mit dem Finger ins Ohr zu fahren. Deshalb blicke er den Richter X immer wieder scharf an, wenn der mit einer dieser Nervositätshandlungen beginne oder er räuspere sich. Dann aber zucke der Richter jedes Mal zusammen, weil er sich wieder einmal ertappt sehe, nehme die rechte Hand rasch auf den Richtertisch und beginne alsbald eifrig zu schreiben. Dieses Zusammenzucken mag aber, so räumte der Vorsitzende Richter ein, aus der Sicht des Zuschauers durchaus den Eindruck vermitteln, Herr X schrecke aus dem Schlaf auf.«[179]

Mit der Jogginghose vor Gericht?

Schlafende Richter kommen – wenn überhaupt – nur während einer längeren mündlichen Verhandlung vor. Am Sitzungsbeginn sind die Richter jedoch hellwach, weil sie unter anderem darüber befinden müssen, ob die Prozessbeteiligten ordnungsgemäß erscheinen. Es ist grundsätzlich anerkannt, dass das Erscheinen in unangemessener Kleidung einen Angriff auf das Ansehen des Gerichts als Institution der sozialen Gemeinschaft darstellen kann. Will der Betreffende durch seine Kleidung bewusst aus dem Rahmen fallen oder provozieren, so ist das ebenso »ungebührlich«, wie wenn er in besonders nachlässiger, etwa schmutziger Kleidung erscheint. Anhand dieser Maßstäbe war zu entscheiden, ob eine Strafkammer gegen einen Zeugen ein Ordnungsgeld verhängen darf, weil er in kurzer Jogginghose und in einem kurzärmligen T-Shirt mit dem Aufdruck »Levis Strauss, USA« erschienen ist. Das Oberlandesgericht hatte Nachsicht mit dem Zeugen und führte zur Aufhebung des Ordnungsgeldbescheids aus:

»Es ist in der Rechtsprechung anerkannt, dass nach den heutigen, liberalen Maßstäben keine übersteigerten Anforderungen an die Kleidung der Prozessbeteiligten im Gerichtssaal zu stellen sind. Saloppe Freizeitkleidung hat inzwischen in die verschiedensten Bereiche des gesellschaftlichen Lebens Einzug gehalten, auch in solche, in denen zu früheren Zeiten auf korrekte Kleidung als Ausdruck der Wahrung von Etikette und Umgangsformen besonderer Wert gelegt wurde. Die Justiz darf sich in ihrem Bemühen um Bürgernähe dem Zeitgeist und seinen textilen Modeerscheinungen nicht verschließen. Das Auftreten in salopper Freizeitkleidung, die sich im Übrigen in ordentlichem Zustand befindet, ist nicht zu beanstanden...

Der Beschwerdeführer wurde an einem besonders heißen Tag zur Mittagsstunde vernommen. Seine Bekleidung hatte er den hohen Temperaturen dieses Tages angepasst. Weder aus dem angefochtenen Beschluss noch aus sonstigen Umständen ergibt sich, dass der Zeuge bewusst provozieren oder aus dem Rahmen fallen wollte. Auch liegen keine Hinweise auf besondere Nachlässigkeit vor. Dass das T-Shirt mit einem Herstelleraufdruck versehen war, entspricht einer Modeerscheinung. Es ist weder dargetan oder ersichtlich, dass die Freizeitkleidung des Zeugen... verschmutzt oder in sonstiger Weise anstößig gewesen wäre.«[180]

Der T-Shirt-Verteidiger

Gelten diese Maßstäbe auch für einen Verteidiger, der in einem weißen T-Shirt statt, wie es das überkommene Standesrecht üblicherweise vorsieht, mit weißem Hemd und Krawatte vor einer Strafkammer auftritt?

Der zuständige Vorsitzende Richter wies den Anwalt nach Abmahnung als Verteidiger des Angeklagten zurück und berief sich auf eine gewohnheitsrechtliche Regel, nach der die Amtstracht aus einer Robe in schwarzer Farbe bestehe, zu der eine weiße Halsbinde zu tragen sei. Dass dazu ein (weißes) Hemd gehöre, ergebe sich aus dem Gesamtzusammenhang der Regelung. Das Oberlandesgericht München stellte dazu fest, das Gewohnheitsrecht sei auch nicht infolge eingetretener gesellschaftlicher Veränderungen gegenstandslos geworden, weil das Tragen von Hemd und Krawatte vor Gericht einem breiten Konsens entspreche. Eine differenzierte Entwicklung habe sich lediglich insoweit ergeben, als inzwischen auch farbige Hemden und Krawatten in dezenter Ausführung als angemessen angesehen würden. Das Gericht wörtlich:

»Gegen diese Verpflichtung hat Rechtsanwalt X verstoßen. Ein Auftritt mit T-Shirt vor einer Großen Strafkammer ist unter keinem Gesichtspunkt hinnehmbar. Die Verstöße waren auch schwerwiegend und rechtfertigen… die Verhängung der ausgesprochenen sitzungspolizeilichen Maßnahmen. Es handelt sich nicht um einmalige, durch sachliche Erwägungen begründete Verstöße, sondern um eine generelle und in provokativer Form verweigerte Erfüllung verfahrensrechtlicher Verhaltensnormen. Zu der vorgetragenen Begründung, er besitze keine Krawatte und könne eine solche auch nicht binden, versagt sich der Senat eine Erörterung. Die… nachteiligen Folgen der Ausschließung für den Mandanten hätte der Verteidiger durch normgerechtes Verhalten unschwer verhindern können.«[181]

Der Pfälzer Menschenschlag in der Beweiswürdigung

Für Zeugen gilt, dass sie nicht nur ordnungsgemäß vor Gericht zu erscheinen haben, sondern auch glaubwürdig sein müssen. Insofern scheint es in Deutschland Landstriche zu geben, in denen auf Zeugen wenig Verlass ist. Diese regional-pauschale Differenzierung, wenn nicht sogar Diskriminierung liegt einem Urteil des Landgerichts Mannheim zugrunde, das bemerkenswerte Ausführungen zum Charakter des pfälzischen Menschenschlags machte. Der Zeuge

»gab sich zwar betont zurückhaltend, schien bei jeder Frage seine Antwort sorgfältig zu überlegen und vermied es geradezu betont, Belastungstendenzen gegen den Angeklagten hervortreten zu lassen, indem er in nebensächlichen Einzelheiten Konzilianz, ja geradezu Elastizität demonstrierte, im entscheidenden Punkt, der – für ihn vorteilhaften – angeblich mündlichen Genehmigung des beantragten Urlaubs aber blieb er stur wie ein Panzer. Man darf sich hier aber nicht täuschen lassen. Es handelt sich hier um eine Erscheinung, die speziell für den vorderpfälzischen Raum typisch und häufig ist, allerdings bedarf es spezieller landes- und volkskundlicher Erfahrung, um das zu erkennen – Stammesfremde vermögen das zumeist nur, wenn sie seit längerem in unserer Region heimisch sind. Es sind Menschen von, wie man meinen könnte, heiterer Gemütsart und jovialen Umgangsformen, dabei jedoch mit einer geradezu extremen Antriebsarmut, deren chronischer Unfleiß sich naturgemäß erschwerend auf ihr berufliches Fortkommen auswirkt. Da sie jedoch auf ein gewisses träges Wohlleben nicht verzichten können – sie müssten ja dann sonst hart arbeiten –, versuchen Sie sich »durchzuwursteln« und bei jeder Gelegenheit durch irgendwelche Tricks Pekuniäres für sich herauszuschlagen. Wehe jedoch, wenn man ihnen dann etwas streitig machen will. Dann tun sie alles, um das einmal Erlangte nicht wieder herausgeben zu müssen, und scheuen auch nicht davor zurück notfalls jemanden »in die Pfanne zu hauen« und dies mit dem freundlichsten Gesicht. Es spricht einiges dafür, dass auch der Zeuge V mit dieser Lebenseinstellung bisher »über die Runden gekommen ist«. Mit Sicherheit hat er nur zeitweise richtig gearbeitet. Angeblich will er nach dem Hinauswurf durch den Angeklagten weitere Arbeitsstellen innegehabt haben, war jedoch auf Nachfrage nicht in der Lage, auch nur eine zu nennen. Und wenn man sieht, dass der Zeuge schon jetzt im Alter von noch nicht einmal 50 Jahren, ernsthaft seine Frühberentung ansteuert, dann bestätigt dies nur den gehabten Eindruck.

Auf einen solchen Zeugen, noch dazu als einziges Beweismittel, kann verständlicherweise eine Verurteilung nicht aufgebaut werden.«[182]

Dämliches Grinsen eines Richters

Richter müssen sich im Interesse einer professionellen Amtsführung nicht nur gegenüber Zeugen, sondern gegenüber allen Prozessbeteiligten neutral verhalten. Ist dieses Objektivitätsgebot verletzt, wenn ein Richter während einer Verhandlung grinst? Die erfolgreiche Verfassungsbeschwerde richtet sich gegen die strafrechtliche Verurteilung des Beschwerdeführers wegen angeblicher Beleidigung eines Familienrichters. Dieser lächelte während einer mündlichen Verhandlung nach Wahrnehmung des Beschwerdeführers süffisant und kündigte an, zu dessen Lasten zu entscheiden. Er könne aber gegen die Entscheidung Beschwerde einlegen. Im Rahmen einer Dienstaufsichtsbeschwerde gegen den Familienrichter schrieb der Beschwerdeführer an den zuständigen Landgerichtspräsidenten:

»Nach meinem Rechtsempfinden steht es einem Richter ohnehin nicht zu, bei seiner Urteilsverkündung den Geschädigten mit einem dämlichen Grinsen Ratschläge, wie er könne ja Beschwerde gegen sein Urteil einlegen, zu erteilen… Wenn es um das Kindeswohl seiner eigenen Kinder ginge, unterstelle ich… dass er nicht mehr so lax mit den Terminen umgehen und erst recht nicht dabei dämlich grinsen würde.«

Das Bundesverfassungsgericht stellte fest, der Gebrauch des Wortes »dämliches Grinsen« sei »keine Formalbeleidigung, weil diese Äußerung nicht zum kleinen Kreis sozial absolut tabuisierter Schimpfwörter gehöre, deren einziger Zweck es sei, andere Personen herabzusetzen. Abgesehen von der unsachlichen und ehrverletzenden Form erfülle der Ausspruch auch nicht die Voraussetzungen einer Schmähkritik, weil sie anlassbezogenes Mittel zum Zweck der Kritik eines Sachverhalts gewesen sei.«[183]

Das durch die Mutterbrust irritierte Gericht

Gerichtsverhandlungen sind grundsätzlich öffentlich. Deshalb kann es gelegentlich vorkommen, dass eine Frau während eines Prozesses im Zuhörerraum des Gerichtssaals ihr Baby stillt. Das gefiel dem Vorsitzenden Richter nicht, der die Mutter aus dem Saal schickte, weil das Baby just in dem Moment zu schreien begann, als das hohe Gericht den Saal betrat. Der irritierte Vorsitzende bedeutete der Mutter, dass das Schreien die Konzentration der Kammer empfindlich störe. Daraufhin verschob die Frau ihren Pullover etwas und legte ihr Kind an die Brust, womit sofort Stille eintrat. Doch der Vorsitzende, noch irritierter, erklärte, das Stillen im Gerichtssaal sei keineswegs zulässig.

Das niedersächsische Justizministerium ging der Frage nach und stellte fest, dass etwa Essen und Trinken im Zuhörersaal nicht geduldet werden könne. Und das Baby habe nun einmal eindeutig gegessen beziehungsweise getrunken. Die Justiz mache da zwischen normaler Kost und Muttermilch keinen Unterschied. Letztlich läge es aber in der richterlichen Unabhängigkeit eines Vorsitzenden, ob er eine stillende Mutter – »zweifellos ein Bild der Harmonie und des Friedens« – während eines Prozesses zulasse.[184]

Anmerkungen

1	*Rudolf von Jhering*, Scherz und Ernst in der Jurisprudenz, Nachdruck der 13. Aufl., Darmstadt 1980, 257; *Wilhelm Wengler*, Über die Unbeliebtheit der Juristen, Neue Juristische Wochenschrift 1959, 1705; *Meinhard Heinze*, Der unbeliebte Jurist, Baden-Baden 1981; *Harm Peter Westermann*, Über Unbeliebtheit und Beliebtheit von Juristen, Köln 1986 sowie das Interview von *Rudolf Gerhardt* mit *Herbert Rosendorfer*, Warum sind Juristen nur mäßig beliebt?, Zeitschrift für Rechtspolitik 2008, 69.
2	*Adolf Weißler*, Geschichte der Rechtsanwaltschaft, 1905, 310.
3	*Jonathan Swift*, Gullivers Reisen, Nachdruck München 1990, 199 und 389.
4	*Manfred Rommel*, Wir verwirrten Deutschen, Stuttgart 1986, 51.
5	*Eberhard Puntsch*, Juristen lachen, München 1970, 14 f.
6	*Von Bühren*, Editorial, Anwaltsblatt 1992, 115; *Markus Ruhmann*, Juristische Schulung 1997, 90.
7	Oberlandesgericht Hamm, Beschluss vom 17.3.1976 – 4 Ss/158/76, Neue Juristische Wochenschrift 1976, 978.
8	*Ludwig Thoma*, Der Münchner im Himmel, München 1992, 142.
9	Zitiert nach *Helmut Michel*, Neue Juristische Wochenschrift 1983, 2557 ff. m. w. N.
10	*Bernard de Mandeville*, Die Bienenfabel, Nachdruck der 6. Aufl., London 1732, München 1988, 15.
11	*Adolph Freiherr von Knigge*, Über den Umgang mit Menschen, Hannover 1788, Nachdruck München 1967, 398 ff.
12	*Klaus-Jürgen Seidel*, Sancta justitia – Juristen in der Oper, Neue Juristische Wochenschrift 1985, 2126 ff.
13	*Holger Altmeppen*, Neue Juristische Wochenschrift 2023, 718, 723.
14	*Herbert Rosendorfer* im Interview mit *Rudolph Gerhardt*, Zeitschrift für Rechtspolitik 2008, 69.
15	*Eberhard Puntsch*, Juristen lachen, München 1970, 106.
16	S. näher *Thomas Arntz*, Neue Juristische Wochenschrift 2017, 3329 ff. m. w. N.
17	*Blasius Multibus*, Jus potandi, Nachdruck der deutschen Bearbeitung von *Richard Brathwaite*, Frankfurt, 1985.
18	*Johann Wolfgang von Goethe*, Wilhelm Meisters Wanderjahre, Band 2, 1829, 11. Kapitel, 138.

19	*Barbelies Wiegmann/Walter Emmerich*, in: Hans Gummert/Ralph Müller-Schellenberg (Hg.), So schön kann Jura sein, Bonn 1985, 26 ff.
20	Verfasser unbekannt, Rechtsbeilage der DAZ vom 5.11.1929, zitiert nach Jura 1985, 444.
21	S. etwa *Otto Gierke*, Der Humor im deutschen Recht, 2. Aufl., Berlin, 1886, 26; *Louis Carlen*, Recht zwischen Humor und Spott, Berlin 1993, 8; *Tonio Walter*, Kleine Stilfibel für Juristen, München 2002, 151.
22	*Louis Carlen*, Recht zwischen Humor und Spott, Berlin 1993, 29 m. w. N.
23	So *Ernst Spangenberg*, Zeitschrift für Rechtspolitik 2002, 320, 322.
24	*Friedrich Erdmann*, Von Richtern, Advokaten und Ganoven, Zürich 1971, 39.
25	*Louis Carlen*, Recht zwischen Humor und Spott, Berlin 1993, 18 f.
26	*Rudolf von Jhering*, Scherz und Ernst in der Jurisprudenz, Nachdruck der 13. Auflage, Leipzig 1924, Darmstadt 1980, 43.
27	Siehe u. A. *Jens-Peter Gieschen/Klaus Meier*, Strafakte Faust, Frankfurt 1993; *Jörg-Michael Günther*, Der Fall Max und Moritz, Frankfurt 1988; *ders.*, Der Fall Struwwelpeter, Frankfurt 1989; *ders.*, Der Fall Rotkäppchen, Frankfurt 1990; *Dieter Schipper*, Carmen im Lichte der strafrechtlichen Wahrheit, Stuttgart 1993; *ders.*, Der Freischütz im Lichte der strafrechtlichen Wahrheit, Stuttgart 1993.
28	Evangelium nach Lukas, Kapitel 2, Vers 15.
29	Der Fall »Christkind«, Frankfurt 1993, 63.
30	S. *H. Hamann*, Neue Juristische Wochenschrift 2022, 721 ff.
31	*Norbert Kollmer*, Neue Juristische Wochenschrift 1997, 1129; *Wolfgang Pögeler*, Juristische Arbeitsblätter 1997, 979 f.
32	Entscheidungen des Reichgerichts in Zivilsachen, Band 1, 247, 251 f.
33	*Ludwig Reiners*, Stilfibel, 27. Aufl., München, 1993.
34	Anfrage E-3379/93 vom 16. 11. 1993, Amtsblatt der Europäischen Gemeinschaften Nr. C. 279 vom 5. 10. 1994, S. 55 f.
35	Oberverwaltungsgericht Hamburg, Neue Juristische Wochenschrift 1991, 941 f. und dazu *Horst Sendler*, Neue Juristische Wochenschrift 1995, 2209.
36	Europäischer Gerichtshof, Erste Kammer, Bayerische Verwaltungsblätter 1995, 560 f.
37	Verordnung vom 14.3.1997, Bundesgesetzblatt I, 490 ff.; geändert durch Verordnung vom 19.6.2020, BGBl. I, 1328 ff.
38	Oberverwaltungsgericht Koblenz, Beschluss vom 12.4.1991 – 7 B 10342/91, Neue Zeitschrift für Verwaltungsrecht 1992, 280.
39	Oberverwaltungsgericht Koblenz, Beschluss vom 12.4.1991 – 7 B 10342/91.

40	Frankfurter Allgemeine Zeitung vom 5.11.1981; s. ferner Siegsdorfer Gemeindekurier vom 23.7.1982, 1.
41	Süddeutsche Zeitung vom 7.8.1967; Frankfurter Rundschau vom 15.7.1985; Pressemitteilungen des Bundesministeriums für das Post- und Fernmeldewesen Nr. 2/1967, 13, wonach angeblich unklar ist, woher diese Dienstvorschrift stammt.
42	*Reinhard Priebe*, in: Dieter C. Umbach u. A. (Hg.), Das wahre Verfassungsrecht, Gedächtnisschrift für F. G. Nagelmann, Baden-Baden 1984, 147, 156 f.
43	Bundesrats-Drucksache 14/79, EG-Dok. R/3447/78 (ECO 285).
44	*H. Herles*, in: Studiengesellschaft Osnabrück-Emsland (Hg.), Vorträge zur Rechtsentwicklung der achtziger Jahre, 1991, 293, 300.
45	Oberlandesgericht Hamm, Beschluss vom 28.11.2019 – 1 RBs 220/19; Neue Juristische Wochenschrift 2020, 351 f.
46	EStG in der Fassung des Jahressteuergesetzes vom 8.12.2010, BGBl. I, 1768.
47	Bundesfinanzhof, Urteil vom 22.3.2016 – VIII R 10/12; Neue Juristische Wochenschrift 2016, 3198 f.
48	Bundesfinanzhof, Urteil vom 19.8.1988 – VI R 69/85; Neue Juristische Wochenschrift 1989, 248.
49	S. dazu den Bericht von *Hans Mundorf*, Handelsblatt vom 15.11.1988, 2.
50	Finanzgericht Berlin, Entscheidung vom 2.6.1978, EFG 1979, 225.
51	Finanzgericht Köln, Urteil vom 24.4.1990 – 8 K 2700/88; Handelsblatt vom 25.4.1991, 8.
52	Oberverwaltungsgericht Münster, Urteil vom 18.6.2009 – 14 A 1577/07; Neue Juristische Wochenschrift 2010, 102 ff.
53	Bundesministerium für Finanzen in einer Mitteilung an den Deutschen Industrie- und Handelstag vom 19.5.2015 – IV C 5 – S 2353/15/10002, Dokument 2015/0364577.
54	Bundesfinanzhof, Urteil vom 3.7.2019 – VI R 36/17; Neue Juristische Wochenschrift 2019, 3103 f.
55	Wahrig, Deutsches Wörterbuch, 1977 zum Stichwort Mahlzeit.
56	Bundesfinanzhof, Neue Juristische Wochenschrift 1998, 2471.
57	*Jörg Schüttemeyer*, Neue Juristische Wochenschrift 1998, Heft 38, XXVI ff.
58	Niedersächsisches Finanzgericht, Urteil vom 12.12.2002 – 11 K 335/02, Forschung und Lehre 2003, 325.
59	Oberster Gerichtshof von Österreich, Urteil vom 10.1.1984 – 4 Ob 407/83; Österreichische Blätter 1984, 73; *Rudolf Welser*, »Grammaphon ist kein Vorname«, Wien 1985, 53.

60	Landgericht Koblenz, Hinweisbeschluss vom 17.7.2018 – 6 S 92/18; Neue Juristische Wochenschrift-aktuell 41/2018, 9.
61	Bundesgerichtshof, Urteil vom 13.6.2007 – VIII ZR 236/06; Neue Juristische Wochenschrift 2007, 3057 ff.
62	Amtsgericht Düsseldorf, 42 c 10583/14; Westfälische Nachrichten vom 27.1.2015.
63	Amtsgericht Zerbst, 6 C 614/02; Westfälische Nachrichten vom 27.1.2015.
64	Amtsgericht Lübeck, Urteil vom 29.6.2023, Az. 83a, OWi 739, Js 4140/23 jug; *Melanie Mühl*, Frankfurter Allgemeine Zeitung vom 16.10.2023, Nr. 240, 9; *Tobias Freudenberg*, Neue Juristische Wochenschrift-aktuell 45/2023, 7.
65	Amtsgericht München, Urteil vom 28.11.2014 – 474 C 18543/14; Neue Juristische Wochenschrift-aktuell 27/2015, 10.
66	Gesetz vom 27.2.2021, BGBl. I, S. 3146 mit Änderungen.
67	Oberverwaltungsgericht Koblenz, Beschluss vom 22.12.1998 – 11 B 12931/98, Gewerbearchiv 1999, 118.
68	https://advocado.de.../reisen/frankfurter-tabelle.html.
69	https://www.adac.de/media/adac/pdf/jzz/reisepreisminderungstabelle.
70	*Helmut Köhler*, Pauschalurlaub zum Nulltarif, Juristenzeitung 1985, 1088; *ders.*, Üb immer Treu und Redlichkeit, München 1986, 140 ff.
71	Amtsgericht Mönchengladbach, Urteil vom 25.4.1991 – 5 a C 106/91; Neue Juristische Wochenschrift 1995, 884.
72	*Tonio Walter*, Kleine Stilkunde für Juristen, München 2002, 151.
73	Landgericht Frankfurt am Main, Urteil vom 19.4.1993 – 2/24 S 341/92; Handelsblatt vom 7.9.1993, 4.
74	Amtsgericht Bonn, Urteil vom 30.12.2015 – 101 C 423/15.
75	Landgericht Bonn, Urteil vom 23.8.2016 – 8 S 5/16; Oberlandesgericht Köln, Beschluss vom 3.9.2018, I – 16 U 144/17.
76	Landgericht Frankfurt am Main, Urteil vom 19.8.1998 – 2/24 S 341/98.
77	Amtsgericht Köln, Urteil vom 25.3.1998 – 136 C 496/97.
78	Amtsgericht Hannover, Urteil vom 20.12.2023, Az. 553 C 5141/23.
79	S. dazu Bayerisches Oberstes Landgericht, Beschluss vom 20.10.2004 – 1 St RR 153/04; Neue Juristische Wochenschrift 2005, 1291.
80	Kammergericht Berlin, Urteil vom 12.8.2005 – (4) 1 Ss 93/04 (91/04); Neue Juristische Wochenschrift 2005, 2872.
81	Amtsgericht Berlin-Tiergarten, Beschluss vom 26.5.2008 – (412 Ds) 2 JuJs 186/08 (74/08).

82	Landgericht Regensburg, Urteil vom 6.10.2005 – Ns 134 Js 97458/04; Neue Juristische Wochenschrift 2006, 629; s. auch Amtsgericht Bremen, Beschluss vom 2.2.2018 – 81 b Cs 690 Js 10621/17.
83	Sozialgericht Reutlingen, Urteil vom 14.5.1985 – 6 Ar 2130/84.
84	Landgericht Darmstadt, Urteil vom 2.2.1989 – 3 O 535/88; Archiv für Presserecht 1989, 482.
85	Bundesverfassungsgericht, 1. Kammer des 1. Senats – Beschluss vom 22.10.2017 – 1 BvR 1822/16; Neue Juristische Wochenschrift 2017, 3704 ff.
86	S. dazu Wahrig, Deutsches Wörterbuch, Gütersloh, 1968.
87	Landgericht Wiesbaden, Urteil vom 6.8.1981 – 2 O 150/81, Neue Juristische Wochenschrift 1982, 649 f.
88	Oberlandesgericht Frankfurt, Urteil vom 28.2.1985 – 6 U 89/84, Neue Juristische Wochenschrift 1985, 1649.
89	Bundesgerichtshof, Urteil vom 3.6.1986 – VI ZR 102/85, Juristenzeitung 1986, 1108 mit ablehnender Anmerkung von Hubmann.
90	Deutsches Patentamt, Bescheid vom 8.7.1985 – P 31902/33 WZ, Mitteilungen der deutschen Patentanwälte 1985, 215; Juristische Schulung 1986, Heft 2 XVI.
91	Verwaltungsgerichtshof Mannheim, Urteil vom 4.3.1986 – 4 S 2875/85; Zeitschrift für Beamtenrecht 1986, 335 ff.; Bundesverwaltungsgericht, Deutsches Verwaltungsblatt 1990, 643 ff.; Bundesverfassungsgericht, Neue Juristische Wochenschrift 1991, 1477.
92	Verwaltungsgericht Stuttgart, Beschluss vom 29.4.1993 – 3 K 3261/91; Juristische Schulung 1994, Heft 4 XXVIII.
93	Verwaltungsgerichtshof Mannheim, Beschluss vom 16.1.1995 – D 17 S 11/94; Verwaltungsblätter für Baden-Württemberg 1995, 209 ff.
94	Verwaltungsgerichtshof München, Urteil vom 19.7.1984 – 3 B 83 A. 1338; Deutsches Verwaltungsblatt 1985, 454.
95	Verwaltungsgerichtshof München, Beschluss vom 13.2.1991 – 17 P 90. 35600.
96	Landesarbeitsgericht Düsseldorf, Urteil vom 27.5.1998 – 12 (18) Sa 196/98; Juristische Schulung 1998, Heft 10 XXiX.
97	Frankfurter Allgemeine Zeitung vom 19.3.1999, 9.
98	Bundesarbeitsgericht, Urteil vom 21.9.1999 – 9 AZR 893/98; Neue Juristische Wochenschrift 2000, 1060 ff.
99	Arbeitsgericht Düsseldorf, Urteil vom 19.12.1984 – 6 Ca 5682/84; Neue Juristische Wochenschrift 1986, 1281.
100	Arbeitsgericht Köln, Urteil vom 21.1.2020 – 6 Ca 3446/09.
101	Oberlandesgericht Hamm, Beschluss vom 7.1.1999 – 4 Ss 108/98.

102	Anderer Meinung Oberlandesgericht Oldenburg, Urteil vom 24.2.2014 – 1 Ss 204/13; Neue Juristische Wochenschrift 2014, 2211 ff.
103	Amtsgericht Köln, Urteil vom 26.5.1988 – 708 Ds 172/87; Neue Juristische Wochenschrift 1989, 921.
104	Oberlandesgericht Köln, Beschluss vom 15.9.1998 – Ss 395/98.
105	Amtsgericht Wetzlar, Urteil vom 25.10.1982 – 4 Owi Js 8191/81.
106	Amtsgericht Köln, Urteil vom 20.6.1985 – 266 C 718/85.
107	Verordnung vom 6.6.2019, BGBl. I, 756.
108	Bayerisches Oberstes Landgericht, Beschluss vom 24.4.1985 – 2 Ob OWi 28/85, Neue Juristische Wochenschrift 1985, 2841.
109	Oberverwaltungsgericht Koblenz, Beschluss vom 24.7.2018 – 1 A 10022/18. OVG; Neue Zeitschrift für Verwaltungsrecht, Rechtsprechungs-Report 2018, 769 ff.
110	Oberverwaltungsgericht Münster, Urteil vom 23.11.2011 – 11 A 2511/10; Neue Zeitschrift für Verwaltungsrecht, Rechtsprechungs-Report 2012, 422 ff.
111	Landgericht Mannheim, Urteil vom 29.11.1979 – VIII 5 Ns 97/79; Deutsche Richterzeitung 1981, 65.
112	Bundesverwaltungsgericht, Urteil vom 24.1.2019 – 3 C 7/17; Neue Juristische Wochenschrift 2019, 2252 ff.
113	Verwaltungsgerichtshof Kassel, Beschluss vom 25.9.1986 – 2 TH 2233/86; Neue Juristische Wochenschrift 1987, 796 f.
114	Verwaltungsgerichtshof München, Beschluss vom 17.11.2014 – 11 ZB 14.1755; Neue Juristische Wochenschrift 2015, 1626 f.
115	ADAC Motorwelt, 2/2024, 68.
116	Verwaltungsgerichtshof Mannheim, Beschluss vom 3.9.2002 – 1 S 972/02.
117	OLG Frankfurt am Main, Urteil vom 18.4.2023, Az. 2 U 43/22.
118	Verwaltungsgerichtshof Mannheim, Beschluss vom 26.2.2021 – 1 S 550/21.
119	Bundesverwaltungsgericht, Urteil vom 25.8.1992 – 1 C 38/90.
120	Oberlandesgericht Düsseldorf, Urteil vom 19.12.2000 – 2b Ss (OWi 352/00, OWi 120/00); Neue Zeitschrift für Verwaltungsrecht, Rechtsprechungs-Report 2001, 236.
121	Oberlandesgericht München, Urteil vom 17.9.1998 – 6 U 1928/98; Gewerbearchiv 1999, 82 f.
122	Der Spiegel Nr. 11/1984, 78.
123	Frankfurter Allgemeine Zeitung vom 10.1.2001, 10.
124	Oberlandesgericht Köln, Urteil vom 3.5.2001 – 1 U 6/01.

125	Amtsgericht Aachen, Urteil vom 24.4.1997 – 10 C 529/96; Neue Juristische Wochenschrift 1997, 2058.
126	*Marcus Kreutz*, Handelsblatt vom 9.2.2005, 38.
127	Oberlandesgericht München, Beschluss vom 10.12.1999 – 26 AR 107/99; Neue Juristische Wochenschrift 2000, 748.
128	Bundesfinanzhof, Urteil vom 27.10.1993 – XI R 86/90.
129	Amtsgericht Essen, Urteil vom 3.2.1998 – 20 C 691/87; Neue Juristische Wochenschrift 1989, 399.
130	*Helmut Proppe*, Juristische Arbeitsblätter 2001, 174 f.
131	Verwaltungsgericht Koblenz, Beschluss vom 1.2.2002 – 1 L 141/02; Juristische Schulung 2002, Heft 5 XXXII.
132	Verwaltungsgericht Frankfurt a. M., Beschluss vom 12.2.1999 – 15 G 401/99 (V); Neue Juristische Wochenschrift 1999, 1986 f.
133	Amtsgericht Eschweiler, Urteil vom 3.1.1986 – 6 C 599/85; Neue Juristische Wochenschrift Rechtsprechungsreport 1986, 576.
134	Amtsgericht Köln, Urteil vom 11.1.2019 – 19 Ca 3743/18.
135	Landgericht Köln, Urteil vom 22.1.1986 – 19 S 138/85; Neue Juristische Wochenschrift 1987, 1421 f.
136	Frankfurter Allgemeine Zeitung vom 7.2.1997; Neue Juristische Wochenschrift 1997, Heft 9 XXXIV.
137	Oberlandesgericht Nürnberg, Urteil vom 17.2.2000 – 13 U 3674/99; Neue Juristische Wochenschrift, Rechtsprechungsreport 2001, 3.
138	Oberlandesgericht Düsseldorf, Urteil vom 14.7.1993 – 4 UF 102/92, Neue Juristische Wochenschrift 1993, 3079.
139	Amtsgericht Bad Mergentheim, Beschluss vom 19.12.1996 – 1 F 143/95; Neue Juristische Wochenschrift 1997, 3033 f.
140	Oberlandesgericht Schleswig, Beschluss vom 21.4.1998 – 12 WF 46/98; Neue Juristische Wochenschrift 1998, 3127.
141	Zitiert nach Göbel/Hucko/Wrobel (Hg.), Von der Stimme aus den Wolken zum Bundesgesetzblatt, 1983, 107 ff.
142	*M. Wurst-Kuchel-Wolber*, in: Göbel/Hucko/Wrobel, a. a. O., S. 109.
143	Landgericht Paderborn, Urteil vom 12.10.1989 – 1 S 197/89; Neue Juristische Wochenschrift 1990, 260.
144	Frankfurter Allgemeine Zeitung vom 15.12.1988, 9.
145	Bundesgerichtshof, Urteil vom 10.11.1959 – VI ZR 201/58.
146	*Elke und Rolf Cyriax* (Hg.), Vorsätzlich heiter, Bergisch Gladbach 1987, 128.
147	Landgericht Karlsruhe, Urteil vom 21.6.1993 – 8 AK 25/93; Natur und Recht 1994, 414.

148	Landgericht Ansbach, Urteil vom 7.7.1988 – 2 O 1214/97; Juristische Schulung 1999, XLVI.
149	Amtsgericht Aalen/Württemberg, Urteil vom 16.9.1999 – 3 C 811/99; Juristische Schulung 2000, Heft 2 XL.
150	Verwaltungsgericht Meißen, Urteil vom 16.2.1999 – 11 K 1111/99; Neue Juristische Wochenschrift 1999, Heft 7 XVI.
151	Bezirksgericht Affoltern am Albis (ZH), ER 26.7.1990; Schweizer Juristenzeitung 1992, 183.
152	Verwaltungsgerichtshof Mannheim, Urteil vom 10.11.2011 – 5 S 2436/10; Neue Zeitschrift für Verwaltungsrecht, Rechtsprechungs-Report 2012, 227 f.
153	Verwaltungsgericht Münster, Beschluss vom 11.1.2021 – 5 L 7/21.
154	Amtsgericht Köln, Urteil vom 12.10.1984 – 226 C 356/84; Neue Juristische Wochenschrift 1986, 1266 f.
155	S. auch *Markus Würdinger*, Scherz und Ernst im Nachbarrecht?, Neue Juristische Wochenschrift 2019, 1194 ff.
156	Landgericht Wiesbaden, Urteil vom 19.12.2001 – 10 S 46/01; Neue Juristische Wochenschrift 2002, 615 ff.
157	*Jürgen Machunsky*, Krieg der Gartenzwerge, Göttingen 1990.
158	Amtsgericht Grünstadt, Urteil vom 11.2.1994 – 2a C 334/93; Neue Juristische Wochenschrift 1995, 889 f.; bestätigt durch das Landgericht Frankenthal, Urteil vom 2.11.1994 – 4 S 272/94.
159	Oberlandesgericht Hamburg, Beschluss vom 20.4.1988 – 2 W 7/87; Neue Juristische Wochenschrift 1988, 2052.
160	Amtsgericht München, Urteil vom 8.11.2017 – 485 C 12677/17 WEG.
161	Amtsgericht Hadamar, Urteil vom 20.12.1994 – 3 C 420/94; Neue Juristische Wochenschrift 1995, 968 ff.
162	Bayerisches Oberstes Landesgericht, Beschluss vom 26.11.1992 – 30 b OWi 101/92; Neue Juristische Wochenschrift 1993, 2630 f.
163	Bundesgerichtshof, Urteil vom 18.5.1995 – I ZR 91/93; Neue Juristische Wochenschrift 1995, 2486 ff.
164	Bundesgerichtshof, Urteil vom 10.2.1994 – ZR 79/92; Neue Juristische Wochenschrift 1994, 1954 ff.
165	Amtsgericht Hagen, Urteil vom 9.9.1996 – 14 C 149/96; Juristische Schulung 1997, Heft 6, XXXII.
166	*Rudolf Streinz*, Europäisches Wirtschafts- und Steuerrecht, 2003, 1. Ff.
167	Europäischer Gerichtshof, Urteil vom 14.2.1978 – Rs C-27/76, Rechtsprechungssammlung 1978, 207, 282 f.
168	Verordnung der EG vom 16.9.1994, Amtsblatt der EG Nr. L 245 vom 20.9.1994, 6.

169	VO EU 97/2010 der Kommission vom 4.2.2010.
170	Kammergericht Berlin, Urteil vom 13.2.1979 – 5 U 3234/78; Gewerbearchiv 1980, 35 f.
171	Kammergericht Berlin, Urteil vom 27.11.1981 – 5 U 3855/81; Gewerbearchiv 1982, 168 f.
172	Landgericht Flensburg, Urteil vom 1.4.1956 – 12 Qs 40/56, Monatsschrift für deutsches Recht 1956, 374.
173	*Gallwas/Gauweiler/Lippstreu*, Das Oktoberfest, Ein Lehrstück zur Rechtswirklichkeit, 1984, 15.
174	*Elke und Rolf Cyriax* (Hg.), Vorsätzlich heiter, Bergisch Gladbach 1987, 26.
175	*Thomas Giesen*, Nochmals: Zur Unsitte der Altenmalerei; Neue Juristische Wochenschrift 1993, 2592 f.
176	S. zu älteren Entscheidungen *Rolf Stober*, Jus mit Jux, 3. Aufl., Baden-Baden 2001, 97 ff.
177	*Vahle*, Neues vom »schlafenden Richter«, Neue Wirtschafts-Briefe Nr. 49 vom 3.12.2001, 4057.
178	Bundesverwaltungsgericht, Beschluss vom 13.6.2001 – 5 B 105/00; Neue Juristische Wochenschrift 2001, 2898 f.; s. ferner Bundesfinanzhof, Beschluss vom 21.1.2015 – XI B 88/14 und Bundessozialgericht, Beschluss vom 20.4.2017 – B 13 R 289/16, Neue Juristische Wochenschrift 2017, 3183.
179	*Rudolf Gerhardt*, Gerechtigkeit im Schlaf, Frankfurter Allgemeine Zeitung vom 11.1.1985, 7; s. ferner *V. Wagner*, Die Lust am Prozeß, 1985, 96 ff. m. w. N.
180	Oberlandesgericht Koblenz, Beschluss vom 12.10.1994 – 1 Ws 672/94; Juristische Schulung 1995, Heft 1 XXIX.
181	Oberlandesgericht München, Beschluss vom 14.7.2006 – 2 Ws 679/06; Neue Juristische Wochenschrift 2006, 3079 f.
182	Landgericht Mannheim, Urteil vom 23.1.1997 – 4 Ns 48/96; Arbeit und Recht 1997, 457, Juristische Schulung 1998, Heft 2, XXXV.
183	Bundesverfassungsgericht, Beschluss vom 16.10.2020 – 1 BvR 1024/19; Neue Juristische Wochenschrift 2021, 301 ff.
184	Hannoversche Allgemeine Zeitung vom 26.7.1988.